识干家

企業閱讀　學以致用

『陆和平作品集』

大客户销售
这样说这样做

陆和平◎著

KEY ACCOUNT SALES

中国青年出版社

律师声明

北京市中友律师事务所李苗苗律师代表中国青年出版社郑重声明：本书由著作权人授权中国青年出版社独家出版发行。未经版权所有人和中国青年出版社书面许可，任何组织机构、个人不得以任何形式擅自复制、改编或传播本书全部或部分内容。凡有侵权行为，必须承担法律责任。中国青年出版社将配合版权执法机关大力打击盗印、盗版等任何形式的侵权行为。敬请广大读者协助举报，对经查实的侵权案件给予举报人重奖。

侵权举报电话

全国"扫黄打非"工作小组办公室　　　中国青年出版社
010 - 65233456　65212870　　　　　010 - 50856057
http://www.shdf.gov.cn　　　　　　　E-mail: bianwu@cypmedia.com

图书在版编目（CIP）数据

大客户销售这样说这样做/陆和平著. -北京：中国青年出版社，2019.5
ISBN 978-7-5153-5542-9

Ⅰ.①大…　Ⅱ.①陆…　Ⅲ.①企业管理—销售管理　Ⅳ.①F274

中国版本图书馆 CIP 数据核字（2019）第 052127 号

大客户销售这样说这样做

陆和平 / 著

出版发行：中国青年出版社
地　　址：北京市东四十二条21号
邮政编码：100708

责任编辑：刘稚清
封面制作：仙　境

印　　刷：河北宝昌佳彩印刷有限公司
开　　本：710×1000　1/16
印　　张：13.25
版　　次：2019年7月北京第1版
印　　次：2019年7月第1次印刷
书　　号：ISBN 978-7-5153-5542-9
定　　价：128.00元

导读

为什么要写这本书

我从事营销培训与咨询工作十年有余,接触的企业有国企、外企、民企,遇到的学员也来自大江南北、五湖四海,企业和学员在营销中遇到的问题都有一定的普遍性。学员希望老师少讲理论,多讲实际案例,最好能针对销售人员遇到的问题与困惑直接给出答案。这让我陷入了深思,因为对培训应从知识的传播到帮助学员掌握工作技能的理念的认同,基于这样的思路,我尝试转变从过去告诉学员"为什么要这么干"到"干什么、怎么干"的讲课模式,根据销售人员在实际工作中经常遇到的问题,总结了大客户销售十大模块68个典型销售场景应对策略和话术,运用到销售培训中,取得了很好的效果。

本书的主要结构

本书与销售技巧类丛书的不同之处是:本书没有太多涉及营销概念和方法论,而是以大客户销售活动的十大模块(初次见面、建立关系、客户需求、沟通技巧、呈现方案、异议处理、竞争策略、谈判技巧、最后成交、销售心态)68个典型销售场景,细化到如何应对的方法和具体的话术,最后拿下订单的过程。68篇短小精悍的文章适合碎片化学习的特点,使销售人员可以正向完整阅读,也可以带着问题在书中具体模块的销售场景下反向寻找答案。本书作者陆和平老师是资深的营销管理顾问，10 年销售管理职业生涯加上 15 年销售讲师经验使得本书实战性更强，不告诉你为什么要做，只告诉你在大客户销售活动中要拿下订单该做什么、怎么做。

本书的阅读对象

本书的阅读对象是 B2B 行业中的建材和装饰材料行业、汽车汽配行业、电气自动化行业、IT 信息行业、工程机械行业、移动通信行业等大客户销售人员，消费品行业也可以参考。

目录

导　读　　　　　　　　　　　　　　　　　　　　　　Ⅰ

一、初次见面　　　　　　　　　　　　　　　　　001

1. 获得客户线索的十二种方法…………………………003
2. 打陌生销售电话，这五个细节很重要………………006
3. 如何与客户预约见面…………………………………008
4. 陌生客户电话预约应对话术…………………………010
5. 为什么我的拜访总是无效……………………………012
6. 你只有一次机会，请给我留下良好的第一印象……014
7. 与客户初次见面如何开场……………………………017
8. 让对方产生好感的寒暄………………………………020
9. 第一次拜访客户必须要问的六个问题………………023
10. 客户说："请先介绍一下你们的公司吧。"你如何
    应对……………………………………………………025
11. 容易忽略的十个销售细节……………………………027

二、建立关系　　　　　　　　　　　　　　　　　031

12. 建立信任的艺术………………………………………033
13. 大客户销售模式建立信任的沟通方式………………035
14. 中国式关系营销有套路………………………………038
15. 如何让客户愿意帮你…………………………………040
16. 如何让客户为你引见领导……………………………042
17. 与客户高层见面谈什么、怎么谈……………………045

18. 公司其他部门对销售不配合怎么办 ……………… 048

19. 让客户帮你转介绍，只要注意以下六点 ……… 051

三、客户需求　　055

20. 你了解客户需求的冰山理论吗 ………………… 057

21. 如何满足、引导、挖掘和梳理客户需求 ……… 059

22. 三类客户的应对策略 …………………………… 061

23. 如何判断三类客户 ……………………………… 065

24. 你真的想错了，客户采购在乎的是风险而不是价格 ……………………………………………… 067

四、沟通技巧　　071

25. 提问的两种方式你还需要注意些什么 ………… 073

26. 了解客户需求问清这六个问题就够了 ………… 075

27. 发掘和引导客户需求的五个关键提问（上） … 079

28. 发掘和引导客户需求的五个关键提问（下） … 082

29. 如何通过提问获取客户本不愿意分享的信息 … 086

30. 销售拜访如何避免一问一答的窘迫 …………… 088

31. 会听才会卖，有效倾听六大技巧 ……………… 090

32. 如何有技巧地回答客户提问 …………………… 093

33. 与客户沟通如何让对方感觉舒服 ……………… 096

34. 与客户沟通应注意的语言禁忌 ………………… 099

五、呈现方案　　103

35. 呈现产品价值的 FAB 法则怎么说 …………… 105

36. 介绍产品易犯的六个错误 ……………………… 107

37. 介绍产品如何以情动人，打动客户 …………… 111

38. 产品演示的注意事项 …………………………… 115

39. 销售演讲的注意事项 ·················· 117
40. 参加展览会注意事项 ·················· 120
41. 你是想做导购还是销售顾问 ············ 122

六、异议处理　　　　　　　　　　　　　125

42. 让客户没有任何异议，直接成交 ········ 127
43. 价格、怀疑能力、拖延，处理客户三类异议的方法 ···························· 130
44. 当客户说"不"的时候 ················ 134
45. 客户说你的东西太贵了怎么办 ·········· 136
46. 你的价格比竞争对手高，而你拿不出证据说明贵的理由，怎么办 ···················· 139

七、竞争策略　　　　　　　　　　　　　141

47. 如何巧妙地揭示竞争对手的弱点 ········ 143
48. 如何判断客户有没有把你当备用人选 ···· 146
49. 备用供应商如何成为客户准供应商 ······ 148
50. 如何在客户内部找到支持者 ············ 151
51. 如何应对客户的"个人要求" ·········· 153
52. 客户的话真的不能全信 ················ 155

八、谈判技巧　　　　　　　　　　　　　159

53. 销售谈判的四个双赢思维 ·············· 161
54. 销售谈判的八条锦囊妙计 ·············· 163
55. 识破客户在谈判中的十大谎言 ·········· 166
56. 客户要你先报价怎么办 ················ 169
57. 开价后客户的四种反应与应对策略 ······ 171
58. 谈判中的问、听、答与拒绝的策略 ······ 173

59. 谈判中如何问出高质量的问题 …………… 177
60. 应客户要求报价，没下文怎么办 …………… 180
61. 大项目销售的报价技巧 …………… 182

九、最后成交　　　　　　　　　　　　　185

62. 如何判断本次拜访是否有效 …………… 187
63. 拜访结束前你需要对客户说点什么 …………… 189
64. 突破心理障碍，推动客户尽快成交的五种方法 …………… 191
65. 成交前要锦上添花，切忌画蛇添足 …………… 194

十、销售心态　　　　　　　　　　　　　197

66. 如果有这些惯性思维，你离下岗就不远了 …… 199
67. 让上司对你另眼相看，只要做到六件事 ………… 200
68. 与客户沟通，为什么被洗脑的总是你 ………… 202

一 初次见面

——大客户销售这样说这样做

1. 获得客户线索的十二种方法

某电梯公司销售人员老陈一直是公司的销售冠军，在他负责的区域里，几乎所有的项目他都了如指掌，甚至是那些建设地点非常偏僻的项目。更令人敬佩的是，对于所有的项目，他都可以通过几个电话把客户的组织结构、项目进展和关键决策人弄得一清二楚。他是怎么做到的呢？原来老陈这些年在自己负责的区域里除了运作项目外，还留意发展和维护与外界的关系，这些关系包括那些已经合作过的老客户、设计院设计师，还有很多是做其他产品销售的同行，老陈平时只要有空就会和这些人一起吃饭、聊天，很多信息也就随之而来。这些人逐渐变成老陈的线人，有时候甚至会主动约老陈共同探讨项目，所以老陈不用费力气就能把客户的情况摸得一清二楚。

获得客户线索一般有以下十二种方法：

（1）老客户再次采购的信息。 如果客户前期维护得比较好，对你的产品和服务比较满意，客户直接采购或者修正采购，能节省双方的沟通成本和时间，直接进入成交阶段，这是最理想的客户线索来源。

（2）客户慕名而来，客户的采购倾向性已经很明确，这样的客户成交的可能性很大。 但这种情况可遇而不可求，遇上了就是你的福气，不过有些行业真的就是等客户上门，比如管理咨询行业，最有名的是麦肯锡、罗兰贝格。不过客户上门还有另外一种可能，拉你陪标凑数或者比较一下价格。

（3）老客户转介绍的信息。 因为有人帮你介绍和背书，这种信息的可信度高。如果你有这样一个习惯，每次拜访客户后不管成功与否都顺便问一句"能否给我推荐一个客户"，相信对你的业务会大有好处。

（4）**相同客户不同产品的销售同行带来的信息**。非竞争对手的同行，也就是相同客户不同产品的销售同行，互相沟通客户信息但不会形成竞争。有些网络社交圈、BBS论坛、微信群就能提供这样的功能，通过在网络上的沟通和信息交流，能获得相应的客户线索和信息。

（5）**技术研讨会上的信息**。技术研讨会，尤其是技术含量高的工业产品技术研讨会，厂家每年都会请一些行业内的专家和潜在用户参加会议，这也是寻找潜在客户的好机会。有些厂家甚至把它作为获取销售机会非常重要的来源，因为他们请的演讲者是行业内的技术权威，参加者必须付不菲的费用，这也导致来参加研讨会的人都是各单位的技术负责人，效果非常好。

（6）**通过招投标公司获得信息**。有些大型项目，国家规定必须通过招投标流程。通过招投标公司的确能够获得项目线索，不过问题是：这样的线索往往比较滞后，竞争对手前期也许已经做了工作，有效性会大打折扣。

（7）**设计院或顾问公司提供的信息**。一般比较大的项目在可行性研究方面设计院或顾问公司已经参与，所以他们能比较早地掌握信息，而且掌握的信息比较全面。有些顾问公司不但能提供信息，还能影响客户的决策。

（8）**行业协会提供的信息**。基本上每个行业都有自己的行业协会，如软件行业协会、电子元件行业协会、仪器仪表行业协会。虽然行业协会只是民间组织，但恐怕没有人能比行业协会更了解行业内的情况，如果你的潜在客户恰好是某协会的成员，能得到协会的帮助是你直接接触到潜在客户的有效方法。

（9）总包、分包商或集成商提供的信息。 某些工业设备需要总包、分包安装或你的产品只是整个系统的一部分，需要集成商将许多元件集成再出售。与这些总包、分包商或集成商建立长期合作，不但能提供项目信息和线索，同时在选择品牌上对直接客户也有很大的影响力。

（10）信息公司提供的信息。 一些专业信息公司能提供详细的在建工程信息，包括工程类别、建筑成本、工程时间表和发展商项目经理、建筑师等人的联系方式，且信息每天更新。这为企业销售人员节约了大量时间，虽然需要向信息公司支付一些费用，但总体成本还是合算的。

（11）互联网上的信息。 现代社会离不开网络，它是如此普及，使得我们在网上搜索潜在客户变得十分方便，只要动动手指输入几个专业关键词，你就能获得客户名单、联系方法甚至详细的公司介绍。

（12）陌生拜访得到的信息。 陌生拜访，俗称扫大街，分区域地毯式的搜索和陌生拜访，期望以大量的拜访次数来获得潜在客户。但是这种方式效率低下、浪费金钱，客户拜访是最昂贵的销售方法，而且身心疲惫和被拒绝不断地打击销售人员的自信心，B2B销售模式一般不提倡。

除十二种客户信息来源外，还有一些容易被忽视的线索来源，就是公司离职销售人员的客户。如果公司内部的信息系统不完善，这些客户也就成为所谓的"孤儿客户"，放弃相当可惜。另外，有些长期没有交易的"沉睡客户"，试着去唤醒他们也许会有意外收获。

2. 打陌生销售电话，这五个细节很重要

当销售人员不知道客户在哪里的时候（这种情况常见于刚入职的销售人员或进入新行业的销售人员），做陌生电话拜访是找到潜在客户的常见方法，这种方法成本低，但被拒绝率很高，往往还没有找到客户，在前台就被拦下了。如何提高陌生电话的拜访成功率呢？你需要注意以下五点：

（1）**陌生电话拜访前了解拜访对象的姓名、职务**。打电话前最好通过各种途径了解拜访对象的姓名、职务，如果不知道而贸然打到对方公司，多半会被前台服务人员视为骚扰电话拦下。如果实在不知道对方的姓名、职务，自动转接电话可以拨任何分机，待转到其他部门后再要求转到采购部，这些部门的员工比前台服务人员好说话，多半愿意帮忙。或者也可以要求前台服务人员转到公司销售部，前台服务人员一定会帮忙转接，再请销售部帮忙接到你想找的部门。当然如果你有拜访对象的联系方式是最理想的，不过陌生电话拜访不建议直接打手机，可以先发短信。如果对方地位较高，也可以先发短信预约通话时间。

（2）**准确报出拜访对象的姓名、职务并自我介绍**。找到拜访对象后，准确地报出对方的姓名、职务，进行自我介绍，并礼貌地询问对方："您现在说话方便吗？"一般客户会说方便，如果不方便也可以另外再约时间，然后开始陈述你打电话的目的，例如："装载机也是咱们矿山的主要生产设备，关系到生产效率和成本的问题，所以今天打来电话，看有没有我们公司能协助得上的。"或者"您的朋友××介绍我与您联系，说您近期想购置几

台新的装载机。"要长话短说，通话不超过5分钟，尽量别在电话中谈论有关业务的话题，你打电话的目的就是一个：要求与客户直接见面。B2B销售模式是不可能通过电话直接搞定的。不要问客户什么时候有空，要用二择一法，例如："是下周一有空还是下周二有空？"

（3）打电话先座机后手机，打不通改发短信或微信。 先打座机再打手机，响5下左右对方未接，改发短信或微信。最好站着打电话，因为人站着的时候注意力比较集中，说话声音比较洪亮有底气。坐着打电话身体不要太放松，除非是非常熟悉的客户，正襟危坐以体现对客户的尊重，因为你的身体语言会通过你的语调传递给对方。另外用左手打电话，养成随时记录的习惯。

（4）重要的事情要复述。 重要的事情要复述，例如："张总，您说的是……这个意思吗？"与客户预约见面，见面的日期和时间应再三确定，避免听错。最后对客户说几句客气话："很高兴和您交谈。""谢谢您的时间。"话筒没放稳前千万不可发牢骚和对刚才的交谈内容妄加评论，以免被对方听到，留下不好的印象。

（5）永远比客户晚放下电话。 没等对方挂电话，销售人员先把电话挂断，客户心里肯定不舒服，比客户晚放下电话这也体现了对客户的尊重。有些销售人员有好的习惯，放下电话前会说："张工，没什么事我先挂了。"这样的原则同样也适用于和客户微信或QQ沟通，最后一个信息一定是销售人员发的。

除了掌握以上五个注意事项，销售人员应该在心态上有所准备，陌生电话拜访的成功率是比较低的，被拒绝也是很正常的事情，千万不要丧失信心，拒绝是常态，客户接你的电话才是幸运。除了调整自己的心态，销售人员还需要打足够数量的电话，靠绝对值取胜是关键。

3. 如何与客户预约见面

讲到与客户预约见面的问题，有的销售人员不以为然，他说："陆老师，我从不预约。"问他为何？他振振有词地说："新客户不愿见，约不上干脆直接去；有些客户很不专业，约了又变卦；另外老客户不用约，也是直接去。"

与新老客户见面到底要不要预约？

与推销个人消费品不同，大客户拜访一定要先预约，这有助于提高效率，没有预约的拜访，会让客户觉得比较唐突，大多数情况会被拒绝或草草打发了事，最重要的是：预约通常会使客户将销售人员与严肃、专业的职业形象联系起来，同时还会被认为是对客户表示尊重的表现。哪怕有些客户最终爽约，也会因为愧疚给你下次见面创造一点优势。

那么如何与客户预约呢？

首先，能书面预约尽量不要电话预约，尤其是与客户初次预约，因为电话沟通有一个问题，在打电话的时候，你不知道对方在干什么、心情如何。书面预约则可以斟酌用词，少犯错误。书面预约可以是邮件、短信、微信，主要内容有：表明你的身份，显示见面价值，介绍与客户类似行业的成功案例。

客户不是闲着没事，客户放下手头重要又紧急的事情坐下来跟你谈一两个小时一定有理由，他认为这次会面对他很重要，客户不愿意跟你见面可能是觉得见面是在浪费他的时间。所以，见面一定要有对客户有利的理由或者客户关心的问题、同行的信息等，同时让客户相信你有足够的能力帮其实现价值。

以下是书面预约的实例：

张总，您好！

我是××公司的咨询顾问陆和平。

我在 IT 行业工作 12 年，主要关注 CRM 客户关系管理领域，也曾经和很多像您一样的企业家（营销高管）就企业经营和营销管理中经常碰到的一些问题做过交流，例如：

销售人员离职导致客户资源流失问题；

如何解决销售费用过高的问题；

销售计划不准确导致产品积压或者供货不及时问题。

我也曾多次帮他们解决过类似的问题，比如 A 公司、B 公司、C 公司，如果您本周有时间的话，我愿意和您交流类似的经验，不知您是否有兴趣了解详细情况？期待您的回复！

咨询顾问陆和平
2018 年 8 月 8 日

其次，如果是电话预约，除了要告诉客户见面的理由，还要解决信任的问题。"你是谁？找我干吗？怎么知道我的电话号码的？"这是第一次打电话时出现在客户脑海里的三个问题。除了自报家门、体现价值外，最好说一下与客户有什么交集，是某人推荐，还是在某个会议上听过该客户的报告，拉近双方的距离。

以下是电话预约的实例：

王总，您好！我是壳牌石油公司的大客户经理陆和平，运输成本居高不下一直是物流行业大家头痛的问题，上次在物流行业峰会上有幸听过您的演讲，收获很大，我们也有过短暂交流，知道咱们公司是行业内的领头企业，最近我在成本削减这方面有一些新想法，想与您交流一下，您看下周一或下周二方便吗？

口头预约成功，最好再给客户发一份书面邮件，写明这次拜访的目的（对客户有利的理由）、面谈的议程、具体的时间、我方参加人员的名单等。当客户收到这样的通知也有利于客户准备，提高重视程度，考虑还需要什么人参加，同时提高双方的沟通效率。这样在你和客户还没有正式见面前，你就比其他不预约的销售人员领先一步。当然，初次拜访以后的再次拜访流程可以简化，但拜访理由一定需要向客户提前告知。

4. 陌生客户电话预约应对话术

初次电话预约容易被拒绝，因为客户会考虑是不是有必要跟你见面，因此销售人员要阐述的见面理由必须对客户有利。面对客户的不信任："你是谁？"销售人员应该恰当地进行自我介绍，有人推荐则更理想。客户还有一种心理是怕被销售人员缠上，多一事不如少一事，尤其当销售人员在电话中问太多的采购细节：预算是多少？什么时候买，买多少？容易引起客户的警觉，从而以各种借口拒绝你的预约。客户也许已有满意的供应商，甚至还有些个人的利益牵扯，也会拒绝拜访，这种情况下就需要另辟蹊径、从长计议。

除了以上情况需要有针对性的处理外，与陌生客户电话预约时，客户可能有如下几种反应，你事先有所准备好过现场临时发挥，将会大大提高预约的成功率。以下是几种常用的应对话术：

"目前不需要。"

"您将来要换供应商或比价的时候,可以多一个参考,您说呢?"

——体现价值,减少对方的压力

"把资料寄来就好。"

"有一些细节性的问题我必须亲自和您讨论。"

"我今天下午会在您公司附近,我可以把资料直接拿给您。"

——资料只是借口,见面是最重要的目的

"我已经有供应商了!"

"并不是现在一定要购买我们的产品,希望有幸成为您的备选供应商。"

——缓解客户压力

"我很忙!"

"管理这么大一个公司,忙是一定的,所以我才会先给您打电话。"

"我希望下周在您比较方便的时间来拜访您,我们先定一个时间,下周三或下周四,到时候我们见一下,没空再约,您看行吗?"

——预约拜访时间

"你就在电话里说吧。"

"电话中很难说清,需要20~30分钟,向您亲自做个演示,便于您更好地了解我们的产品。"

——要求见面

"多少钱?"

"放心领导!见面后一定会给您一个优惠价。"

——用价格吸引客户

客户常常说:"我很忙,一大堆事情等着我处理。"客户什么时候愿意接待你?当然是不忙的时候,客户啥时候不忙?每个行业每个单位各有不同，但是有几个时间点一定是不适合销售人员预约拜访的：一是周五或者下班前；二是周一或者节假日后的第一天，如果客户有午休习惯也不要去打扰。另外，如果客户实在不愿意见面，除了表示抱歉外，试着向客户索取微信号或者QQ号，待以后有机会定期发些节日问候或者心灵鸡汤之类的消息，朋友圈多给客户点赞，最终客户也许会接受你的拜访。

5. 为什么我的拜访总是无效

周处长是一家企业的信息部门主管。他曾经跟我抱怨："一个销售人员经常跑来跟我聊天，聊得确实比较开心，但是聊完销售人员就走了，不知道他到底干什么来了。"

很多销售人员与客户交流得很顺畅，双方聊得很开心，之后说一声"再见"，拜访就结束了，销售没有任何进展。那拜访最终无效的原因是什么？到底应该怎么做？

销售活动的最终目标就是获得订单，最终目标必须由数个阶段性目标累积而成。B2B销售模式和大客户的购买决策时间长、决策过程复杂，不是一两次拜访就能搞定的。如果有十次拜访，只有最后一次是签单，那其余9次你在干什么呢？就是要实现阶段性的目标。这要求我们在交流结束之后和客户确认下一步的行动计划，比如这一次和客户交流了他的需求，那么下一次见面可以约定交流一下方案；或者这次与这位客户交流得很好，但是你觉得还不够完善，那么你可以请求客户帮助你引见其他人进行交流。

"搜集信息、建立关系、介绍产品、提供方案……"严格说来，这不是目标是任务，是为实现目标而做的一系列工作，即使做了这些工作，销售仍然可能失败。阶段性目标是从客户那里获得承诺，有助于把销售往前推进，例如：客户同意参加一个产品演示会；让你见更高一级决策者；来工厂参观考察；客户邀请你参加投标等。但你会发现很多销售人员还是陷入任务的泥潭，希望通过锲而不舍的工作来感动客户，但最终发现这样的成功率是不高的，因为客户没有承诺，这也是许多客户拜访最终无效的原因。

如果客户这么跟你说："这次交流收获不少，以前对你们不太了解，现在感觉贵公司的产品和服务确实不错，成功案例也和我们行业很相近，未来我们要多沟通，争取合作。"仅仅凭以上对话，你能判断客户的合作意向有多大吗？其实很难判断，问题是客户的承诺没有时间限制，那接下来你这么说："谢谢领导鼓励，下周约个时间让有关部门参加一个产品演示会，您看可以吗？"如果对方认可，这就是一个完整的承诺，也达到了本次销售的目标。

获得客户承诺的另一个目的是让客户投入，而不是只让你投入，只要客户投入就不会轻易放弃你。所以在你走出客户的大门时，不仅要知道你要为客户做什么，而且要知道他将要为你做什么。只有客户在为你做事情，销售流程才可能继续。

大部分销售人员把客户的要求当圣旨，客户让干什么就干什么。客户让调研，就把最好的技术人员叫过去搞上一周；客户要方案，几天几夜不睡觉玩命赶写方案；客户要讲标，就请最能侃的兄弟出马；客户要报价，就立马报出一个能报的最低价。其实销售过程是一个需要彼此付出成本的过程，你必须最大限度地让客户付出成本（时间成本、高层成本、技术研讨成本等），他付出足够多之后，你们就在一条船上。

以前我听说一个销售高手在介绍他成功经验的时候讲了一点，初次拜访时他要求客户给他一杯水喝，说这个举动对销售的成功大有帮助。我一直不太理解，后来我发现，其实他以这种方式要求客户投入。汽车4S店销售人员要求客户试乘试驾，房地产销售人员要求客户交意向金（意向金可退）也是基于同样的理由，就是要求客户投入。

最后总结一下：衡量销售拜访是否有效，能否将销售流程向前推进，是目标而不是活动，是获得客户承诺以及客户投入，换句话说就是客户承诺具体的时间，客户有具体的行动，而不是你自己的活动，是接下来销售人员和客户要共同完成的工作，如帮你引见更高一级决策者，这也同时形成了销售人员下次拜访的理由。

6. 你只有一次机会，请给我留下良好的第一印象

与客户见面时，客户对你的第一印象取决于销售人员的衣着与言谈举止，虽然经常讲不能用第一印象去评判一个人，但人们还是喜欢以主观印象作为衡量他人的标准，同时别人的主观印象很难改变，那就只有改变自己。因为客户用第一印象来评价你，所以客户开始喜欢的可能不是你的产品而是你这个人，即使你的产品不错，也要让你自己看起来像个好产品，这决定了客户愿不愿意给你继续谈下去的机会。那么销售人员的良好第一印象具体表现在哪里呢？

（1）**第一印象从电话预约开始**。与推销个人消费品不同，大

客户拜访一定要先预约，这也有助于提高效率，筛选目标客户。没有预约的拜访，会让客户觉得比较唐突，甚至因为打断其正常的计划而恼火，大多数情况会被拒绝或草草打发了事。最重要的是：预约通常会使客户将销售人员与严肃、专业的职业形象联系起来，同时还会被认为是对客户尊重的表现。初次见面能书面预约尽量不要电话预约，理由我们前面已经说过了。

(2) 塑造专业的形象。初次会见客户，你给客户的第一印象是你的仪表，客户会将你的形象与你销售的产品联系起来。

IBM要求他们的销售人员面见客户时以深色西装、白衬衫作为标准着装，同时要求皮鞋必须系带子。我曾经与一个IBM的前销售精英聊过，他说："穿西装和不穿西装一个1000万元的单子至少有100万元的差距。"

除了仪表整洁，待人有礼貌，下面的几点建议可以使潜在客户对你产生良好的第一印象：

1) 着装得体、郑重其事。比客户穿得好一点体现尊重，又不能拉开双方的距离；

2) 不要在客户办公室抽烟、嚼口香糖或喝饮料；

3) 与客户会面时电话静音，忌看手机，接重要电话要请对方允许；

4) 所有的非必要之物留在室外（如外套、雨伞等）；

5) 紧紧地同客户握手，同时保持目光接触；

6) 客户没有允许不要自行坐下，你应当问："我可以坐下来谈吗？"

7) 坐姿保持端正，以示自信。

(3) 不要吝啬笑容。"我希望你向我保证，无论什么时候，当客户与你的距离在十英尺之内时,你应该微笑着注视他的眼睛,问他是否需要你的帮助。"这就是著名的沃尔玛"八颗牙的微笑"。对拜访抱着热情积极的态度,如果不是刚刚碰到特别悲痛的事情,就请一直保持微笑,微笑可以向客户反映出一个积极的形象,表现你的友善,同时也是与人沟通的催化剂。

某公司来了一位东北小伙子面试,他的学历、经验等硬性指标并不理想,但他脸上洋溢的灿烂笑容给公司老总、人事部经理留下非常深刻的印象。其实一个背井离乡来到上海打拼的人,生活中肯定充满了挫折,为何他还如此快乐呢?他说:"生活中如果有一些不如意,它早就留在昨天了,每天早晨我睁开眼睛,都对自己说:我很快乐,每个将与我见面的人也很快乐!"这个东北小伙子乐观向上的态度感染了在座的每个人,我们认为他也同样会感染他的每个客户。现在东北小伙子已是公司的一名销售骨干。

(4)**正确地称呼对方的姓名和头衔。**美国著名人际关系学家卡耐基说过:"一种既简单又重要的获取好感的方法,就是记牢别人的名字。"世界上最动听的那几个字就是你的名字。我们的周总理就是记住别人名字的高手,甚至在十几年后再见面,也能准确地叫出对方的名字,那个被叫出名字的人除了震惊以外,更多的是对周总理由衷的热爱和崇拜之情。当然,最糟糕的是记错客户名字,说错客户的职务。邓丽君有一首歌还记得吗?"我没忘记你忘记我,连名字你都说错,证明你一切都是在骗我,看今天你怎么说……"

在给客户留下良好的第一印象,客户愿意接纳你并开始沟通后,要将客户初步的好感逐渐升级到接受、认同、依赖、欣赏,直至完全建立信任。接下来需要这样做:

（5）与客户保持同步。人最喜欢的是自己，除了自己呢？是跟你有共同爱好、共同经历、共同处境、共同人生感悟或共同价值观的朋友。虽然人与人的血型不一样，生活背景不一样，身份不一样，但人都喜欢与自己有共同点的人交流。贾宝玉见到林黛玉，说的第一句话是什么？"这个妹妹我曾见过的。"因此，有心理学家说，要获得客户的好感，最好做到四大同步，语气语调同步、情绪同步、表情同步、肢体动作同步。但与客户保持同步只是第一步，最终要从共同的爱好上升到价值观的认同，那是双方关系的最高境界，如果与客户确实不是同一类人无法认同怎么办？那也要保持尊重和理解，谁让你是干销售的呢？

（6）做一个积极的倾听者。最后一个也是最重要的，善于倾听是赢得对方好感乃至信任的关键，让他人掌握话语权，以倾听来表示自己感兴趣和尊重对方，这让客户的自尊心得到极大满足，难怪有人会说，倾听是对他人最好的恭维。而打断对方插话，急于表达自己的观点，会让客户极度不满甚至厌恶。当你感到痛苦的时候，你最想向哪位同事倾诉？是那个平时说话最少也愿意听你说话的人。

有一次我去拜访客户碰到一个话痨，一个多小时都是他在说话，我插不上嘴，最后总算结束了，你猜他怎么对我说？他说："小陆，跟你谈话很愉快，你说得真好！"

7. 与客户初次见面如何开场

传统的开场白主要有两种：一种是与买方的个人兴趣相联

系,例如:以客户的家庭问题或者周末的甲级足球赛作为开场白;另一种以客户的利益作为开场白,例如:"王总,现在激光打印机的价格很便宜,原先一台的价格现在能给您三台!"

这两种开场白对小生意可能有用,但对大生意效果不大。大客户很有经验,阅人无数,会对以个人兴趣为开场白的销售人员持怀疑态度,他们感觉卖方动机不纯,故意套近乎。同样如果你只有六分钟的会谈时间,以客户的利益作为开场白直奔主题也许有效,但B2B销售模式的平均会谈时间是40分钟,过早地介绍你的对策,会促使客户在你建立价值之前与你讨论产品的细节和价格问题。

成功的开场白应该包括以下六个步骤:

(1) **称呼对方名字**。正确地称呼对方的姓名和头衔。

(2) **自我介绍**。你是谁,来自哪个公司(规模和行业地位),做什么工作,有什么经历,跟客户目前业务有关的专业能力是什么,以专业和权威获得客户的初步信任;过去跟客户有什么交集,如我在某某年会上听过你的报告,我们有共同认识的朋友等,以此拉近双方距离。注意:自我介绍要全名,公司介绍也要用正式名称,不要用简称。

(3) **感谢对方接见**。真诚地感谢对方能抽时间见你,只说谢谢太普通,**谢谢+客户头衔**,这样说:"谢谢您张院长,感谢您抽出时间来接待我。"听起来是不是比较独特,少了点程式化,对方听了会有不一样的感觉。

(4) **寒暄暖场**。根据事前对客户的了解,选一些对方容易谈论及有兴趣的话题切入,也可以对现场观察所见的细节进行适当的赞美,营造和谐气氛拉近双方距离,然后迅速切入生意正题。尤其在初次见面不熟或者与客户一个关键人物,如繁忙的总经理见面时,与客户过多的闲聊可能是有害的,要尽量做到不闲聊。

一家从事数据处理的跨国企业在与同样具有百年历史的中国民族品牌——某啤酒公司洽谈业务合作时,跨国公司的项目总监对客户说的第一句话是:"我们两家同样在清朝道光年间成立的公司,今天坐在这里讨论'大数据'这样前沿的话题,我感到无比荣幸。"

(5)表达拜访理由。应该重点阐述"你为什么会在这儿"。客户不是闲着没事找你聊天,客户放下手头重要又紧急的事情坐下来跟你谈一两个小时一定有理由,他认为这次会面对他很重要。

你的拜访理由可以是:

1)客户关心的问题:"装载机也是咱们矿山的主要生产设备,关系到生产效率和成本问题,所以今天我来与您简单交流一下,看有没有我们公司能协助得上的……"

2)客户熟人的推荐:"您的朋友××介绍我与您联系的,说您近期想购置几台新的设备……"

3)行业内同行动态:"最近,某某公司订购了一套全自动化节能生产流水线。相信您对这套新型生产设备也同样关注,所以……"

4)赞美对方:"他们说您是工程机械方面的专家,所以我也想和您交流一下,我可以请教您一个问题吗?"

(6)以问题结束开场白。最后,确立提问者的地位,客户允许你提出问题,愿意交流就是好的开场白。不要太早介绍你的产品优势和利益,陈述利益式开场白在小额生意中是一个基本模式，但对 B2B 销售模式来说，在你提供对策或说出你的能力范围之前，开发客户需求以积聚价值是至关重要的。

1）王矿长您好！我是××重工的销售代表××，这是我的名片，请多指教！（**第一次见面，递交名片自我介绍**）

2）感谢您这么忙还抽出时间来接待我。（**寒暄和感谢客户**）

3）王矿长以前接触过我们公司吗？（停顿）我们公司是国内较大的装载机制造企业（**介绍公司规模与地位**），工程机械也是咱们矿山的主要生产设备，设备的稳定性和售后服务的及时性关系到企业的生产效率，毕竟现在煤价看涨，耽误不起啊！所以今天我来与您简单交流一下，看有没有我们公司能协助的。（**表达拜访理由**）

4）王矿长，公司目前正在使用的设备，是否存在类似服务和稳定性的问题？（**以问题结束，让客户开口**）

当然，销售人员在面对客户时，不需要完全按照此步骤进行，再次拜访就不需要这么正式，但拜访理由是必需的。没有一种完全固化的开场白，只要能吸引住顾客，对方有更进一步了解的欲望，客户愿意和你交流，就是好的开场白。因此随机应变很重要，和不同的客户面谈，针对不同性格的人、不同氛围的环境，都需要我们及时做出判断，从谈吐举止、专业知识等方面给客户留下良好的印象，为最终的销售成功做好铺垫。

8. 让对方产生好感的寒暄

一天，销售人员小张走进客户办公室，热情地向客户伸出手问候:"王经理,近来好吗?昨天的足球比赛看了吗?中国队又踢了臭球,××(球星)又被罚了几个黄牌。"客户极其勉强地伸出手来。小张为了拉近与客户之间的距离,又询问了客户几个有关家庭的问题,还谈论了一阵天气,之后开始介绍其产品的特性和优势。在小张介绍产品的大部分时间里,客户面无表情地坐着,问一些具体的技术细节,小张也只凭个人的了解作泛泛的解答。这次的访谈草草收场,没有任何交易可言,甚至也没有约定下次接触或进一步电话联系的时间。

小张离开客户办公室以后,客户心里也犯嘀咕:今天这个销售人员对自己产品的专业知识如此欠缺,而对一些与业务无关的话题如此津津乐道,他干什么来了?

那么销售人员如何与客户恰当地寒暄呢?

首先是寒暄的内容:

寒暄时可以选择以下话题作为开始:共同关心的社会新闻或者其他话题,例如:对于女士来说,购物、服装、化妆品,对男士来说,体育运动、健身、游戏等都是乐于交流的话题。或者提一下你们共同认识的一个朋友的近况,但不要过度寒暄套近乎,碰到直截了当的客户,他会跟你说:"我现在比较忙,你有什么事就说!"让你很尴尬。

其实除了刻意了解客户的兴趣爱好以外,就行业内的某些话题展开讨论,或者谈论最近发生的对行业趋势有影响的事件也是不错的选择,引起客户反感的可能性就降低了。而政治和宗教信仰是敏感话题,不要涉及。

寒暄有三大注意事项:

(1) 看场合。与客户寒暄要看场合,尤其在工作场合与工作时间,过度寒暄不但影响客户的正常工作,被其老板发现也会产生不好的联想。哪怕你们平时关系不错，公开场合显示与客户亲密关系是相当危险的，应保持低调。无论如何在公开场合保持严肃，宁可公事公办，也不要过分亲密。

（2）看对象。 寒暄也要看对象，当与客户的领导见面时，严肃和认真的沟通方式显示对领导的尊重也是比较安全的选择。而当与个性严谨的客户沟通的时候，也最好采取严肃认真的方式，同时也显示你的稳重与专业性。当然有些客户天性活泼，适度配合保持幽默感也是可以的，但不要一味迎合而显得庸俗。

（3）看关系。 与客户初次见面，最好少寒暄，尽快进入主题：自我介绍（公司规模、地位），表达拜访理由（重点阐述），最后以问题结束开场白。而关系比较好的可以采取相对轻松的寒暄方式，但也要迅速进入主题，客户不是闲着没事找你聊天，不能本末倒置，忘了来的目的，当然，如果是在非工作场合，又另当别论了。

以下的例子一定是精心准备过的寒暄：

贝尔纳·拉迪埃是空中客车飞机制造公司的销售代表，他面临的挑战就是向印度销售飞机。这是一件棘手的任务，因为这笔交易已由印度政府初审，未被批准，能否重新寻找到成功的机会，全看销售代表的本事。拉迪埃深知肩上的重任，他稍做准备就飞赴新德里，接待他的是印度航空公司主席。拉迪埃到印度后，见到印度航空公司主席说的第一句话是："正因为你，使我有机会在我生日这一天又回到我的出生地，谢谢你！"不用说，拉迪埃的印度之行取得成功的概率大大提高。

9. 第一次拜访客户必须要问的六个问题

在第一次拜访客户的时候，为了判断这个客户最终成交的可能性有多大，提高销售人员的工作效率，最好先问如下六个问题：

（1）你们是怎么知道我们的？客户一般会怎么回答？你希望客户的回答是什么？如果客户说："我是从网上搜到的，我们需要两家以上的供应商做比较。"另外一种回答是："我们的生产经理在前一家公司用过你们的产品。"或者说："是通过客户介绍的。"你觉得哪种情况下你未来成功的概率大一些？当然是后者。

（2）你们的目标客户是谁？客户的定位会不会影响你未来销售的成功率？如果他的客户是低端客户，而你的产品是高端的，你觉得你的客户会购买你的产品吗？相反，如果他的客户都是高端客户，而你的产品是低端的，他购买你产品的可能性也很小。假如你是顶级橱柜的生产商，那你的客户会是谁？三线城市经济适用房的房产商吗？精装修房的万科还是星河湾会是你的客户？显然，经济适用房的房产商不会是你的客户，定位中端的万科也不是，星河湾成交可能性比较大。

（3）你们的预算是多少？如果客户愿意告诉你他的预算，那就比较容易判断出他是否能够买得起你的产品。如果他的预算大大超出你的产品价格，你根本不是他需要的供应商。

如果客户不愿意回答，你最好换种方式："我理解，不过，对您的预算有一定的了解可以帮助我们为您量身定制方案，也能使我们更加了解这个项目价值和重要程度，您说呢？"如果你以这样的方式提问，你一定能从客户那儿获得更多有价值的答案。

（4）你们的决策过程是怎样的？ 客户说："我们是采购成本导向，都是最低价中标，是否中标估计只有你自己清楚。"另外，甲方自行采购还是甲方定品牌乙方采购，总部集中采购还是总部定品牌分公司采购，客户的哪种决策过程对你最有利，也许你自己最清楚。

（5）我们将和谁竞争你们的业务？ 你是希望跟与你在同一档次的品牌竞争，还是跟与你差距较大的品牌竞争？有的时候，客户买不起你的产品，他们自己也清楚，但是客户的技术人员会花很多时间跟你讨论产品和技术方面的问题，他们为什么会这么做？也许他们需要搞清楚某些技术细节问题，而你是他们最好的老师。当然还有另外一种情况，所有对手的品牌定位都高于你，客户不会买你的产品，你只是客户用来打压竞争对手的武器。

（6）需要新的供应商的原因是什么？ 如果客户对你说他们对原来的供应商价格很不满意，或者说原来的供应商技术参数没有办法达到他们新产品的技术要求，抑或客户新来了一个领导，重新评估现有的供应商，要求引进新供应商，这些都是不错的情况。还有一种情况，客户欠前一个供应商货款，供应商停止供货，客户不得已才找新的供应商。其实这不是最糟糕的，如果客户只是找一个陪衬的供应商来应付公司必须有三个供应商的规定，那才是最要命的。

以上这些情况会影响到你是否值得去跟进这个客户或者花多少时间和精力来跟进这个客户。客户经常对供应商挑三拣四，为什么供应商不能这么做？其实选择是双向的，你说呢？

10. 客户说："请先介绍一下你们的公司吧。"你如何应对

第一次与客户见面，客户说："请先介绍一下你们的公司吧。"或"请自我介绍一下吧。"你怎么回答？相信绝大部分销售人员会滔滔不绝地从公司的历史、规模、公司荣誉、产品、成功案例等诸多方面给客户以系统、全面的介绍，但这样做对吗？你讲完以后，客户说："你讲得不错，还有吗？""没有了。""没有你先回去，我们有需要再找你。"

客户回头找你的可能性是很小的。

回想我进入咨询行业的第一个大单，与对方高层和其下属有一次非常重要的见面。双方见面，对方总经理的第一句话是："请介绍一下贵公司吧。"我迫不及待地介绍自己所在公司的背景与实力，中心思想就是我们很适合你们。同时我也有点小兴奋，因为销售手册上公司的介绍我已背得滚瓜烂熟，因此，我介绍时几乎没有任何停顿，滔滔不绝地演讲，不知不觉30分钟过去了，当客户最终有机会提问的时候，一个秘书走了进来，在总经理身边低声耳语，他抱歉地对我说："10分钟以后还有个重要会议，你们继续与我们的部门领导谈吧。"可以想象会谈草草结束，我没有从高层那里获得任何他对这个项目的看法和意见，我浪费了一次重要的销售机会。

一个月以后，我有幸和公司一位资深合伙人一起去拜访客户，客户也对他说了同样的一句话："请介绍一下贵公司吧。"我

那位同事没有立刻介绍公司情况，问道："请问您想了解我们公司哪部分的情况呢？"客户停顿了片刻说道："我对你们公司还是有所了解的，其实我们更感兴趣的是你们的数据分析软件是如何帮助销售团队提高工作效率、降低销售费用的。"我那位同事又说了一句："请问您对团队效率问题的关注有什么特殊原因吗？"这个问题一下子打开了双方交流的话匣子，使得我们对客户的需求和面临的问题有了深刻理解，客户的问题是：销量增加但利润没有同步增加，而销售费用却失控了，接下来的介绍也更有针对性，我们与客户分享了我们公司在相关行业解决类似问题的成功案例和经验。以后又通过几次沟通和会谈，客户最终选择了我们公司的方案，我们公司赢得了订单。

与客户初次见面，当客户提出一个开放性话题，例如："请你介绍一下公司或者产品。"与客户见面的时间有限，你可以通过反问来缩小范围："您想了解我们公司哪方面的情况？"或者直接问："您对我们公司了解吗？"了解后接下来的介绍就更有针对性，也容易得到客户的认可。有时候客户提问漫无目的，只能说出"请你介绍一下公司"这样宽泛的话题，而销售人员的目的就是要把客户引导到具体的问题和目标上，当客户感觉你是真正在关心他的问题而不是在一味地推销产品，沟通一定会更加顺畅。

有的客户上来就说："请说说你们的 CRM 产品。"你可以这么回答："我们的 CRM 软件是一项比较复杂的管理工具，它对企业管理问题的解决是通过有针对性的方案来实现，产品只是方案的一个组成部分，而针对性的方案需要我们共同坐下来对企业的问题和需求进行认真的研究，您可以跟我们说一下目前咱们公司客户关系管理中遇到的最大挑战是什么吗？"也可以更进一步追问："为什么这么关注（某个产品）？您能说得更具体一点吗？"

一个销售人员更愿意了解客户的需求和他目前存在的问题，另一个只是在夸夸其谈自我吹嘘，哪一位更容易成功？

11. 容易忽略的十个销售细节

销售说到底是满足客户的需求的过程，也就是说你的产品的特性、优点能给客户带来的利益。但不可否认，除产品外，销售人员在拜访客户中的一些细节处理，对销售的成功率也有重要影响。

这里谈到的销售人员容易忽略的十个销售细节，也可以说是如何尊重客户的十个销售细节，实际上是满足客户被尊重的心理需求。

（1）销售人员的着装细节"客户+1"。销售人员西装革履，提着公文包能体现公司形象，在任何时候都是不错的选择，但有时候还是要看拜访的对象，双方着装反差太大反而会使对方不自在，无形中拉开了双方的距离。如建材销售人员经常要拜访设计师和总包施工管理人员，前者当然要穿衬衫打领带以表现你专业的形象，后者若同样着装则有些不妥，因为施工工地环境所限，工作人员不可能讲究着装，如果穿太好的衣服跑工地，不要说与客户交谈，可能连办公室坐的地方都难找。专家说：最好的着装方案是"客户+1"，只比客户穿得"好一点"既能体现对客户的尊重，又不会拉开双方的距离。

（2）拜访的人数不超过3个。客户拜访要控制人数，首次拜访最理想的是两个人。1个人，客户会感觉你们公司没有实力（以后关系熟了就另当别论了），但超过3个人又有点夸张，客户觉得压力大。最关键的是人多嘴杂，不但影响双方沟通，也影响客户正常工作。

（3）交换名片注意细节。和客户第一次见面免不了要交换名片，最理想的方式是从西装上衣口袋取出名片，给客户的名片要正面对着客户，拿到客户名片要当场查看，直接收起来有不尊重对方的嫌疑。最好不要把客户名片放在桌上，否则很容易在你离开的时候忘了带走，对客户就是相当不尊重。

（4）不要站着讲解你的产品。当你赴约的时候，有时客户会走到接待区请你介绍产品，你应该拒绝站着讲解，如果这样的话就是贬低自己的企业和产品，"这件事很随便吗？"如果你自己都觉得这是一件很随便的事情，那客户凭什么要为你的产品买单？你可以对客户这样要求："接下来我展示的东西很重要，大概要占用你几十分钟，我可以坐下谈吗？"当然，产品介绍会或会议营销就另当别论了。

（5）让客户坐在你的左手边。与客户面对面坐着，感觉大家是谈判对手，如果是一对一的拜访，你应有礼貌地询问对方是否可以与其坐在会议桌的同一边，或者会议桌直角的两边，这样你容易向他展示带来的资料。对方同意的话，从感情上来说双方就是一家人了，这时你最好让客户坐在你的左手边，这样与客户交谈比较方便，当你展示资料的时候，对方很容易清楚地看到。

（6）多说"我们"少说"我"。销售人员在说"我们"时会给对方一种心理暗示：销售人员和客户是联系在一起的，是站在客户的角度想问题，虽然只比"我"多了一个字，但却多了几分亲近。北方的销售人员在南方工作就有些优势，北方人喜欢说"咱们"，南方人习惯说"我"。

（7）随身携带记事本。拜访中随手记下时间、地点和客户姓名、头衔，记下客户的需求，答应客户要办的事情，下次拜访的时间，也包括自己的工作总结和体会，对销售人员来说这绝对是一个好的工作习惯。还有一个好处就是当你一边做笔记一边听客户说话时，除了能鼓励客户更多地说出他的需求外，一种受到尊重的感觉也在客户心中油然而生，你接下来的销售工作就会比较顺利。

再透露一个小技巧，笔记本越大，客户受尊重的感受越深。

（8）与客户交谈时尽量不接打电话。 销售人员什么都不多就是电话多，与客户交谈时没有来电好像不可能。不过大部分销售人员很懂礼貌，在接电话前会形式上请对方允许，一般来说对方也会大度地说没关系。但我告诉你，对方在心里会说："好像电话里的人比我更重要，为什么他会谈那么久？"所以销售人员在初次拜访或重要拜访时，不要接打电话，如果实在是重要电话，也要接了后迅速挂断，等会谈结束后再打过去。另外在拜访客户时也不要刷微信朋友圈。

（9）永远比客户晚放下电话。 销售人员工作压力大，时间也很宝贵，尤其在与较熟客户电话交谈时，很容易犯这个毛病，与客户没说几句没等对方挂电话，自己先挂断电话，客户心里肯定不舒服。永远比客户晚放下电话这也体现了对客户的尊重。也有些销售人员有好的习惯，会说："张工，没什么事我先挂了。"这个原则在微信沟通中同样适用，最后留言的一定是销售人员。

（10）保持相同的谈话方式。 一些年轻的销售人员可能不太注意，他们思维敏捷、口若悬河，说话更是不分对象，节奏很快，碰到年纪大、思路跟不上的客户，根本不知道你在说什么，容易引起客户反感。同样的道理，你与客户约在咖啡厅见面，当你问客户喝美式咖啡还是卡布奇诺时，你也最好点同样的饮料，这是获得客户好感的一个方法。人最喜欢的是自己，除了自己呢？是跟你有共同爱好、共同价值观的朋友，虽然人与人的血型不一样、思维不一样、身份不一样，但人都喜欢跟和自己有共同点的人交流。

二
建立关系

——大客户销售这样说这样做

12. 建立信任的艺术

（1）为什么要建立信任？作为销售人员，你得清楚一个道理，对客户来说，每次采购其实都是一次冒险，跟你第一次合作，采购的金额越大，客户的风险就越大。工业产品的质量问题不会马上呈现，一旦出现有可能产生严重的连锁反应，美国挑战者号航天飞机爆炸的原因就是O型环密封圈失效。而信任能够帮助销售人员传递价值，也为客户提供某种安全的保证，哪怕是心理层面的。东吴相对论中吴伯凡对信任的解释很经典：信任就是在自己利益可能受损害的前提下，仍然对对方抱有正面期待。

（2）如何建立信任？与客户建立初步互动，赢得客户的好感只是第一步，还必须与客户持续沟通接触，逐步增加客户对你的信任感。可以打一个比方：客户与你打交道，他手中始终攥着一张存折，你是准备往里面存款呢，还是时刻准备取款？向朋友借钱后及时归还还是借钱后失踪；答应帮朋友办事，事情办得很圆满还是事前拍胸脯说没问题，事后忘得一干二净，其实都是存款和取款的过程。存款能建立、维护和加强客户关系中的信任程度；取款则是减少客户关系中的信任程度。行为的四个维度可以增加或减少客户信任程度，具体内容包括以下四个方面：

1）信誉度：公司层面：品牌、企业价值观、公司历史、样板工程；个人层面：处事稳重、诚恳待人、敢于担当、行业经验；

2）可靠度：公司层面：企业规模、研发能力、管理认证、检测报告；个人层面：兑现承诺、专业能力、安全感、朋友引见；

3）亲密度：情感联络、共同价值观、共同爱好；

4）自我倾向：善于倾听、关心客户；

大品牌企业是一个保障，供货不会断货，有了质量问题可以负责到底，客户不会担心你跑路。某些由政府或第三方认证的技术资质或管理资质，让客户觉得你有能力成为合格的供应商，这是供应商的组织带来的信任度。采购大品牌产品的当事人可以安心，万一有问题，他也有退路："我用的是最好的产品，只能说运气不好"。用不知名的品牌出了问题，那就麻烦了，这时候没有人说你为公司省钱，而是怀疑你有其他勾当，搞不好当事人饭碗都没了。另外，邀请客户参观工厂或样板客户，都是让客户眼见为实，增加组织信任度的方法。

有组织的信任，还有客户对你个人的信任，你能否兑现个人承诺？你是一个稳重有担当的人吗？当客户表示担忧的时候，你不能只是拍胸脯保证，必须了解客户担忧的问题，制定有效的计划和方案，以你的专业性让客户取消顾虑。对于销售人员而言，如何与客户建立信任，可以用三句话做总结：

1）会说话：价值观一致、坦诚；

2）会做人：稳重、诚恳、有担当；

3）会做事：工作经验、专业能力。

如果实在没招，天天去，从心理学角度，长期接触会建立信任感，只是时间成本太大。应当说客户信任的建立是伴随着整个销售流程，从客户开始戒备和抵触最终到完全的信任，信任账户也是逐步积累的过程。但信任是在沙滩上建楼，建起来难而坍塌只是刹那间的事情。同时客户信任也是一个支点，能够传递价值让客户感觉安全，轻易搞定订单达成最后成交。

(3) 如何判断客户的信任程度？ 可以从客户肢体动作、语言和行为这三个方面来判断：

1）肢体动作：

信任：点头、身体前倾、良好眼神接触……

不信任：面无表情、摇头、眼神游离、戒备……

2）语言：

信任：良好的互动、详尽回答（愿意提供内部信息）、无话不说（探讨深层次需求）

不信任：沉默、只说套话、盘问、质疑、打断、反驳……

3）行为：

信任：给联系方式；愿意在非工作时间和非工作场所沟通；接受礼品和宴请；后期帮你引见，出谋划策……

不信任：只在工作时间和工作场所沟通，不接电话不回信息、拒绝承诺……

13. 大客户销售模式建立信任的沟通方式

沟通可以建立信任，这点我以前还印象不深。好几次，我父亲跟我抱怨："每次到大医院看病，医生都三言两语就打发我了，倒不如社区中心医院的医生水平高，那里的医生会比较耐心地询问、回答与检查。"后来我想想也是，就是大医院的专家门诊的医生也只不过多花一点时间跟病人沟通，但可以多收诊疗费。其实，客户也是基于同样的逻辑来看待销售人员：

你了解我的问题我才相信你能解决我的问题；

我详细说了我的问题，你才能了解我的问题；

你只有提问和倾听，我才能说清楚我的问题。

因此，通过沟通与客户建立信任的重要原则是：销售人员必须关注客户的问题，同时表现对客户问题的关心，建立信任的沟通方式要注意以下几个方面：

（1）沟通前的信息准备。 首先是宏观：包括行业特点（市场趋势、品牌份额、需求变化）、潜在客户（业务挑战、盈利模式），当然还有自身企业状况和产品优势特点。其次是微观：一些客户基本情况可以通过企业网站，或者上市企业年报事先了解，更详细的信息可以待正式和客户见面沟通后了解，或者通过其他途径事先了解。

（2）提问与倾听。 聚焦客户问题的提问方式容易获得客户的信任，表示你对客户真正关心而不是为了推销。首先问一个宽泛的开放式问题，例如："你有什么问题和困难吗？"不过这个问题问得太宽泛，客户也许不知道如何回答，表明提问者对客户的行业和业务不太了解，给客户的感觉不够专业，所以最好问一个聚焦的开放式问题，例如："在控制产品质量的稳定性方面碰到了哪些麻烦？""关于这点你能说得更详细点吗？"提这个问题有可能让客户感兴趣，引起客户关注是因为你的前期准备充分，对客户和客户行业了解。如果客户说没有此类问题，可以换个问题继续提问。

其次，为了更加深入聚焦客户业务，可以问封闭式问题，也就是A/B封闭式问题，例如："您觉得安全方面的隐患有哪些？制度问题、产品问题还是管理问题？"或者先来个开放式问题，例如："这次项目您最关注的是什么？"（停顿）"效果落地确实是大问题，除此之外，咱们行业内的很多企业还关注安全性和实施成本，您是怎么看待的？"你的陈述有逻辑性，给对方选择题，显示你对客户的行业和需求了解，可能对方自己也没有意识到他的需求或问题点被你激发了。还有一种是Y/N（即是/否，Y、N分别是英语"YES""NO"的第一个字母）封闭式问题，例如：

"设备运行两年是否出现了跑漏和能耗的问题？"如果对方正好有此类问题，一定会对你刮目相看，但这需要销售人员有丰富的行业经验和对此类客户日常运营深刻的了解，否则客户的回答都是否定的，你基本上也要被扫地出门。

最后是有效的倾听技巧，让客户感觉你在认真地倾听，倾听也是赢得对方好感乃至信任的关键。让他人掌握话语权，以倾听来表示自己感兴趣和尊重对方，这让客户的自尊心得到极大满足，有关倾听的技巧在后面再详述。

（3）**陈述有逻辑性且有数据支持**。"你提到的这个问题其他企业也存在，除了设备本身的可靠性以外，还与三个方面有关：一是生产线操作人员的水平；二是平时定期维护是否到位；三是是否按照标准的操作流程运行设备。"利用连续并列的句子，容易建立专业的形象，前期的准备也很有必要。另外销售人员记一些专业数据，和客户沟通时可以信手拈来，引用数据越精确越显得专业，"因为采用定轴式变速器和大齿轮驱动桥设计，承受的扭矩更大，比传统的行星式变速箱的使用寿命提高33.8%。"

（4）**成功案例**。有些年轻的销售人员因为经验不够，容易在客户面前露怯。这个时候，把公司的成功案例转换一下成为自己的案例，前提是对案例的细节了解得越多越好，否则客户细问之下容易露馅。例如："你遇到的这个问题，我在参与UPS物流项目建设的时候曾经遇到过，他们的问题和你很相似，当时的情况是……我们提出的解决方案是……"

（5）**确认交流内容**。"王经理，结束之前，我总结一下我们这次交流的内容，我们这次沟通，一共确定了三件事情，分别是……您看还有遗漏吗？您刚才的意思是不是说……"用确认型问题客户有一种被理解的感觉，实际上不是你理解客户而是你用客户的话确认，他认为你理解他，同时，确认显示你的专业性，容易获得客户的信任。据说美国有人做过一个统计，餐厅服务员要获得更多的小费，秘诀就是每次点完菜后与客户再次确认。

14. 中国式关系营销有套路

在市场竞争日益激烈、产品高度同质化的今天，拉关系似乎成了某些业务人员唯一的客户沟通手段，他们言必谈"关系"的现实，也说明了关系营销在日常销售活动中的重要程度。但大部分业务人员对关系营销的认识是很片面的，存在一定的误区。

仔细分析一下，所谓关系营销，有两个很关键的因素：一是客户信任，包括品牌和销售个人可靠度；二是客户价值，包括采购当事人的个人价值，两者缺一不可。价值是双方沟通的前提，客户觉得你对他有帮助、有价值，从心理上觉得应该对你有回报、偏向你一些，而信任是提供价值交换的保证。建立关系的基础是双方各有所图，客户图的是满足需求，而供应商图的是订单，双方进行价值交换的前提是：客户确信你真的能够解决问题，满足他的需求，未来不会有质量问题、服务问题。

客户关系＝客户信任＋客户价值

要提升与客户的关系，有两个重要途径：一是让客户信任你，提高信任度；二是为客户创造更大的价值。但两者权重有差别，价值如果大于信任，客户可能为价值买单而较难为信任买单。客户与你的关系有以下几种状况（如图2-1所示）：

（1）得到客户信任并且对其有价值就是同盟关系。这是客户关系中最理想的状态，也是客户关系的最大值。当你在一个有名的大企业工作，就有天然的信任优势，客户与你做生意是比较放

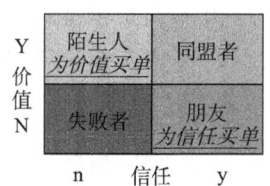

图2-1 客户与销售人员关系图

心的。但如果是在不知名的小企业呢？就应该发挥个人的魅力，与客户完成从陌生、熟悉再到信任的过程。具体如何做？一是会做人：与客户价值观一致、稳重（嘴严）、诚恳、有担当；二是会做事：以工作经验、专业能力取得客户的信任。

价值能提供客户购买你产品的理由，那么如何为客户创造价值呢？信息时代客户获取信息变得容易，跟客户谈产品的特征、优势、利益已经没有效果了。再说，产品同质化严重，似乎价格是衡量价值的重要指标。因此除价格以外，客户更多地认定价值不是来自产品本身，而是来自销售过程。你理解客户的业务和面临的问题，能帮助客户识别问题、确定需求，为客户定制或提供解决方案，提供售后服务、技术培训等。这些无疑对销售人员提出了更高的要求，销售人员需要从传播价值转变为创造价值。

（2）**有价值无信任，只是陌生人的关系，但也能成交**。这时客户可能仅仅为价值买单。根据关系等式，当对客户的价值非常高的时候，例如：同质化产品你的价格明显低于竞争对手，也许客户对你的公司或你个人不是十分了解，但价格足以打动客户放弃原有供应商而冒险选择你。据说以前盗墓者往往抛下同伴，将其留在墓穴，拿着财宝独自跑路的事情经常发生，后来父子盗墓，儿子把老子留在墓穴的事情也经常发生。这说明了什么？在巨大的利益面前，信任关系比较脆弱。

（3）**有信任无价值，客户也可能买单**。有信任无价值，我们称为朋友关系，虽然客户可能为价值买单而较难为信任买单，但当产品高度同质化，客户对价值无法区分或者提供的价值不太明确和无法量化的时候，客户更可能放大对品牌和个人的关注度。例如保险行业就是一个例子，客户付钱后获得一个合同（一个承诺），因此，相信销售人员的人品就变得十分重要。新的保险销售人员前期的保单也许大都来自亲朋好友，据说保险公司不断招聘新的业务人员也是基于此种考虑，等把周围的人开发完，销售人员也就到了离开公司的时候。

15. 如何让客户愿意帮你

　　好朋友结婚，你送了个1000元的红包，过几年你也结婚，你觉得朋友会送多大的红包？他封的红包起码也要1000元，或者在这个数字之上。这就是心理学上所谓的"互惠定律"，用通俗的话来说，只要别人收了你的"人情"，就要懂得"还人情"。

　　"互惠定律"也是帮助销售人员解决与客户之间沟通并最终建立关系的有效武器。销售人员帮助客户做一些事情，比如跟他分享一些想法，送一些他需要的资料并能主动帮助客户解决某个问题，客户自然而然地想着回报你，告诉你一些消息或者在决策时偏向你一些。没有人会因为友谊而从你这里买单，生意的本质是交换，而客户之所以愿意交换，是因为他觉得你有价值，而且他认为他得到的价值比他付出的多。

　　我在一家布料贸易公司上班做业务助理的时候，主管是个连小学都没毕业的女人，刚开始我对她颇为不屑。有次听到她和客户那边的采购主管说最近公司生意多么忙，几乎都没时间去处理一些新公司索取样品的事情，对方公司要的样品现在还在染色厂，要下午才能快递出来。我正纳闷，客户要的码布不是刚收到快递，正在我桌上放着吗？听完下文，我才不由得佩服主管，"哎呀，您看您又是我的大客户，虽然最近量在减少，可我们人情总还在的，既然您这么急，我下午去趟染色厂取样品，这样才能争取今天下午给您送去！"其实，码布我们已经对好色，只要送过去就可以了！原来她是要"逼"客户接受她这个人情，顺便把自己的单也给"逼"回来！

客户凭什么帮你？是因为客户觉得你有价值，对他有帮助，价值是双方沟通的前提，而信任能够提供价值交换的保证，如果没有与客户建立信任，客户也不会相信你所说的价值。人情是价值，而B2B销售模式可以从三个方面为客户创造价值：

（1）为客户创造更多的利益。 在信息时代，客户获得产品信息更加容易，销售人员介绍产品优势、传播价值的功能大大减弱。同时产品同质化日趋严重，即使有差异化的创新也很快被同质化的模仿所淹没，因此客户认定价值主要不是来自产品本身，而是销售人员在销售过程中创造的附加价值。例如：针对企业的问题和面临的困难，供应商为客户量身定制解决方案，提供产品的培训和技术支持，供应商发货及时保证客户零库存的要求，另外供应商品牌背书提升客户产品的档次，比如英特尔CPU和电脑、利乐包装和饮料、莱卡面料和服装，使用英特尔CPU的电脑和莱卡面料的服装更有价值。

一个销售人员说："我从来没有关过手机，不管是睡觉的时候还是休息日，留给客户号码的手机一直处于待机状态，我一直充满自信地对客户说，我手机24小时开机，有什么事情你随时来电话,而只要接到电话,无论什么时候,我都会全力以赴……"这句话就能给客户带来很大的安全感,这难道不是对客户的价值吗?广义的来说,给客户安全感,尊重他,减少他工作中遇到的麻烦甚至请他吃个饭都是对客户个人的价值。

(2) **通过降低成本为客户创造价值。**通过降低成本为客户创造价值,可以是更低价格或更长的付款周期。因为有些同质化的产品甚至连服务都是同质化的,例如:大宗水泥钢材的销售,客户看重的是价格,以最低价中标。通过降低价格为客户创造价值的前提是供应商本身有强大的成本优势,否则就是自杀行为,价值不能持久。例如:格兰仕微波炉就是依靠价格来为客户创造价值。如果没有大规模生产的成本优势,长此以往价值难以维系。

(3) **通过创新营销模式为客户创造价值。**

小米整体硬件业务的综合净利率永远不会超过5%,是因为不同于传统的硬件公司,小米并不是单纯依靠硬件获取利润。小米独创的"铁人三项"商业模式:硬件+互联网服务+新零售,把设计精良、性能、品质出众的产品紧贴硬件成本定价,给客户带来了巨大的价值。

16. 如何让客户为你引见领导

小王在美国施乐公司工作,有一个客户小王跟了一年,但一般接触的都是科长级别以下的职员。每一次见到这些人,小王问："能不能见到你们老板？"客户通常说："时机成熟的时候帮你约。"小王说："这一次我的老板要来，如果见不到你们老板我可能就要被炒鱿鱼。"在小王不断恳求之下客户终于答应，但是两个老板见面，对方说的第一句话是："施乐公司是个冰箱公司吗？"客户从来没有向他的老板汇报过施乐公司的情况，这次小王差点被他的老板炒鱿鱼。

在客户企业基层营造太多关系，有时反而会给接触高层制造障碍，折腾半天就是见不到领导。原因往往五花八门：领导忙、不在家、这事我就能做主等。于是很多销售人员要么相信客户的谎言，要么假装认为领导对采购没有任何影响。

销售拜访中，客户愿意引见高层等关键人物，是一个重要的成功标志和里程碑。如果这个人自己就能做决定，一般采购那里也没太大问题。但如果不是，例如重大的采购，就需要引见，与关键决策人直接沟通，即使不直接沟通，至少其能为你说话，同时对关键决策人有一定的影响力。不沟通有啥风险？如果是老客户，一有风吹草动，你的根基就不稳，很快被竞争对手取代；如果是新客户，你成交的概率就会大大降低。

见不到领导，绝大部分情况下都不是领导没时间，而是基层人员根本没有想到让你见领导。原因主要有以下几条：

1) 他根本没打算选你，还带你见领导干吗？

2) 他感觉不出你的价值，把你带到领导那里，对他有什么好处？客户甚至还会担心你跳过他，自己的利益得不到保障。

3) 你的级别、分量不够，或者感觉你的水平太差，见了领导，领导会骂他办事不力。

4) 自我感觉良好，以为自己能够做主或替领导做主。

5) 可能销售流程还没有走到这一步，只是在收集信息，或者筛选供应商阶段。

6）当事人确实能做主。

第一种情况，尤其在客户采购流程的后期，你没有任何希望成功或者只是对方的备选对象，要想方设法跳过这个人直接去见他的领导，但因此也会得罪当事人。所以除非逼上绝路，不要轻易跳过影响者和决策者接触，毕竟做备选对象也有价值，留得青山在，不怕没柴烧。

第二种情况，要让客户为你引见高层领导，必须给对方为你引见的理由：让他相信为你引见是为他个人在企业内部和领导面前加分，因为你的推荐而使项目顺利实施或者使采购降低了成本，提高了效率。你还可以暗示客户本次采购非常重要，万一项目失败或出现麻烦责任重大，与领导事先沟通也减轻了其自身的风险。

第三种情况，你可以利用公司资源，例如：要求双方的领导见面，强调可以为对方获得更优惠条件，领导具有担保的作用和资源协调的作用。也可以邀请行业内的专家与你一起去拜访以加重分量。

第四种情况，告诉对方，本次采购涉及跨部门协调、流程变化或重大采购，需要客户企业内部各部门的配合，而领导的协调和支持对本次项目的成功有非常大的作用，暗示其个人搞不定。

第五种情况，大部分是基层操作人员在前期完成收集信息或者筛选供应商的工作，在提报给上级领导后，基层操作人员的工作就到此为止了，不要就此作罢，设法与其领导见面。

第六种情况，当事人确实能做主，那就好办，在他的身上多下功夫就行了。

另外，当客户对你有所要求时，例如：要求提供方案、报价甚至个人诉求等，可以作为筹码大胆要求与对方领导见面；当然与客户搞好关系也非常重要，客户出于利益驱动、对你品牌和个人的认可或者对某些竞争对手不满，希望你成功，也愿意为你引见。

17. 与客户高层见面谈什么、怎么谈

山东某食品添加剂生产企业 B 公司是可口可乐、雀巢、伊利、蒙牛等著名品牌的重要供应商和合作伙伴，但在企业初创期，还是行业内默默无闻的小企业，销售一度十分艰难。为使企业摆脱困境，迅速扩大销售额，B 公司将饮料行业巨头 K 公司作为目标客户，但销售部门却不知道如何下手。一次偶然的机会，B 公司销售部刘经理在一本行业杂志上发现 K 公司北京灌装厂严技术总监写的一篇有关食品添加剂的文章，同时还了解到严总监曾是引入 K 公司来华投资的中方专家组成员。刘经理设法通过北京业内人士引见，与严总监见了面。当时 K 公司这种添加剂需要从国外进口，在没有与刘经理见面前，严总监不知道国内也能生产。双方交谈甚欢，但有关 K 公司在华采购事宜不在他的职权范围，严总监同意向 K 公司在华技术高层推荐。由于严总监的地位特殊和极力推荐，K 公司的亚太地区技术总监和 B 公司的最高领导层很快见面了，最终经过双方努力，K 公司成为 B 公司第一个有分量的客户，B 公司与食品行业内其他重量级公司也逐步建立了合作关系，企业一步步发展到了今天的规模。

如果回到 10 年前，刘经理从 K 公司的最低层次与普通技术人员接触开始，结果会是怎样的呢？或许遥遥无期的销售历程最

终可能以失败收场，企业还能发展到今天这个规模吗？谁也无法预料。

销售人员常会致电自己喜欢或是处境相似的人，人们都喜欢和对自己和善的人相处，听他们说自己喜欢听的话，这总比那些严肃挑剔又和自己全然不同的高层相处容易多了，不过，销售人员最后还是得面对那些拥有绝对影响力的人。经常有销售人员问销售有没有捷径可走？如果有的话那么向高层销售是一条快速成功的捷径。与销售人员从客户的最低层次接触开始相比，一开始就直接向高层销售，确实能缩短销售周期，提高销售效率，问题是如何向高层销售？

（1）销售人员害怕向高层销售是有原因的。他们担心：高层很忙，没有时间接待我们；首先过不了秘书这一关；高层职位比我高，我只是个小业务员；不知道这些高层有什么样的目标；不知道如何与高层进行一次气氛融洽、有建设性的沟通。首先，销售人员自身要克服向高层销售的畏难情绪，以专业人士的形象包括你的衣着打扮，提升自信心，以得体的谈吐显示你是与之平等的专业人士。

（2）如何接近高层？高层很忙，直接去拜访过不了秘书这一关。统计显示，不通过熟人介绍而直接对高层进行陌生拜访的成功率是很低的，高层决策者一般很难见到而且很难沟通，但是他们又对销售成功起着决定性的作用。最理想的接近高层的办法是通过熟人引见或者通过客户中层引见，也可以要求高层对高层拜访、客户高层更换时要求拜访等。

（3）见到高层说什么？当你千辛万苦见到高层，那跟他谈些什么呢？你的公司、产品还是解决方案？你应当谈高层决策者最关心的问题，他们不关心运营方面的问题，与高层沟通的话题肯定不是产品，而是观念、战略、思想。所以在与企业高层约谈前，提供一个话题清单很有必要，一般高层关心三方面的事情：

1）结果：企业的效率提高、利润增长、成本降低等；

2）未来影响：国家政策、市场趋势、竞争对手动向等；

3）重大采购：投资回报、对企业成本有影响的重大采购。

（4）如何有效地与高层沟通？ 高层为什么会抗拒销售人员？高层很忙，担心销售人员会浪费他们的宝贵时间，担心销售人员会说一些他们不甚了解的事物。在与高层见面以前至少去他公司的网站浏览一下，看看其上市公司的年度报告，或者他在某个峰会上的主题演讲。如果你能提出类似以下这些问题，高层一定会对你刮目相看，也愿意跟你深入沟通：

我对您上次投资大会上的发言很感兴趣，您说到……

您如何看待行业趋势？

您对某竞争对手怎么看？

您对最近行业内两家公司合并有什么看法？

你们公司未来业绩增长来自哪里？

（5）简明扼要。 高层没有太多的时间听你闲聊，尤其忌讳花太多时间谈不相干的事情，有些销售人员喜欢与客户谈论天气和足球以拉近距离，但这些不适用于高层销售。你要突出带来的收益，并有明确的数字，如提高收入或降低成本百分之多少，用通俗的语言而非技术术语，不要向企业高层大谈产品的技术方案、特点功能，他们可没有这样的耐心和时间。另外，名企老板关注价格，国企领导关注安全，外企高层关心的是品牌影响力，因此你需要事先做好功课。

不过，不是所有的高层见面都是销售，除非涉及重大采购或者战略采购，有些纯粹是礼节性拜访，实质性的内容其实都已经谈完了，只要做到拜访双方级别对等，不犯低级错误就行了。

18. 公司其他部门对销售不配合怎么办

大客户销售不是一个人在战斗，而是团队销售，团队中的很多成员扮演着不同的角色，在不同的阶段承担不同的工作。前期经销商起着商务公关的作用，公司的技术应用部门要设计解决方案，后期高层领导制定政策，最后售后服务部门负责安装和维保。但任何时候，销售人员是整个销售团队的核心和导演，对外要搞定客户，对内要有效地调度和整合公司内部资源，最终为拿下订单负全部责任。

跨部门的沟通能力是个挑战，一个好的销售人员不但要有搞定外部客户的能力，搞定公司内部其他成员同样重要。销售人员的上司有丰富的经验，能够在关键时刻给予指点，其手中握有特价审批权，也能出面代表公司给予承诺。技术支持人员具备专业知识和专业形象，更容易赢得客户的信任，只要方案讲得好就能打动客户。一个大项目免不了要公司信用的支持，好的付款方式在同质化的产品竞争中就是成功的关键因素，因此财务部门的支持也必不可少。

但是设想一下，公司内部的其他部门，例如：帮助做方案的部门，订单是否成功与其切身利益并没有直接关系，甚至还带来一大堆麻烦；比如要为项目申请信用之类，就涉及增加财务部门的工作量，他们为什么还要帮助你呢？有时候销售人员好不容易签下订单，生产部门或售后安装部门却一片埋怨声，抱怨销售人员对客户过高承诺，把压力甩给了其他部门，这样的状态下，项目还能顺利实施吗？最终导致客户不满而投诉，尾款拿不回来，或者客户跟你再无往来。

问题是为什么有的销售人员善于调动公司内部相关资源，实现跨部门、跨业务的团队协作，与内部同事建立良性的互动关系，在需要的时候能得到上司和公司其他部门人员的大力支持，这些人搞定订单有一套，同时在公司也是左右逢源，订单的成功率往往也是很高的。而有的销售人员却在公司内部举步维艰、处处碰壁，其业绩必然也受到很大的影响，其中的原因是什么呢？

有些销售人员相信或者假装相信价格是获得订单的唯一因素，其销售工作的重点就是向老板申请特价，但对客户和竞争对手的情况一问三不知，或者是道听途说得来消息，更要命的是拿了最低价结果订单还是丢了，长此以往在领导面前也失去了信任，再要获得领导的支持就难上加难了。有的销售人员其实搞不定客户，指望他的上司在短短的见面时间内摆平客户，难度系数有多大是不言而喻的，如果不成功，他也有借口，这个客户确实难以搞定！我也知道有些机灵的销售人员让领导出面只是走过场，其实他把事情都搞定了。

还有些销售人员在要求其他部门配合的时候，把公司内部其他部门的支持与配合视为理所当然，认为销售人员有要求，技术支持人员就应该来，来了就应该做好，是他们的职责。有一个技术支持人员这样评价销售人员："支持的项目丢了，说是我的方案做得不好，技术交流没有打动客户；如果项目成功了，就没有我什么事了，都是销售人员厉害，把客户搞定了。"还有一次，在客户那里做完技术交流，快到中午了，这个销售人员竟然扬长而去。长此以往，哪个部门的人愿意帮你的忙，不使绊子就算不错了。

一个销售人员想要获得内部支持，平时就应该注意和公司各部门的相关人员保持良好关系。当要求公司人员现场技术支持的时候，关心现场人员的生活，从酒店住宿到吃饭甚至临行前销售人员自己掏钱送点土特产，虽然钱不多也是一片心意。无论项目是否成功都要表示感谢，有机会还要在技术支持人员的上司面前称赞其专业、敬业，万一不成功，销售人员也要主动承担责任。想一下，当你这么做的时候，下次当你要求帮助的时候，技术支持人员不但能推掉其他项目赶来支持你，而且会保质保量完成任务，要知道公司的资源是有限的，给了你就无法给其他人了。

销售人员要求生产或者售后服务部门支持的时候，提出要求要有礼貌，不要每次都称自己的任务是最紧急的，长此以往其他部门会觉得小题大做，对特别要求务必标注明确，写备忘录。当其他部门工作人员为你解决问题后，一定要打电话感谢他和他的上司。如果对方不合作或者他的做法让你很气愤，最好48小时后待自己冷静下来再做决定是否投诉，尽量与当事人沟通解决，也可以寻求你上司的协调，最好不要上升到他的上司或高层来解决。

除了以上我们所谈到的这些问题以外，在其他部门的相关人员不配合的情况下，销售人员要有一定的说服技巧，说服分理性说服和感性说服，也就是晓之以理，动之以情。所谓理性说服就是站在对方的角度考虑问题，向对方表明此事双方都会有得失在里面。

请看以下例子：某销售人员与公司的实施部门商量提前开工事宜。

销售人员：李经理，你对项目启动时间有什么想法啊？客户要求的工期比较紧，你看计划里的项目启动时间定在春节前合适吗？

李经理：就春节以后吧，节前事情比较多，时间比较紧，恐怕来不及。

销售人员：哦，这样项目前期的准备工作可以更充分些，那除了春节前忙还有其他原因吗？

李经理：哦，我才来这个公司三个月，还要花时间熟悉公司的业务。

销售人员：是啊，老板把你挖来负责这个新项目，就是希望能利用你丰富的经验，其实了解项目的实施过程，也是熟悉公司业务最好的途径，你觉得呢？

李经理：嗯，也对。

销售人员：再说，这个项目是今年我们公司签下的最大的项目，老板很重视，我一定跟李经理把这个项目配合好，有什么困难需要我去客户那里协调的随时说话，我的奖金还指望你呢！

李经理：那好，我跟老板汇报一下，就暂定春节前进场吧。

感性说服的前提是：对方对你有一定的信任度，通过建立强有力的共同点，引起对方感情的共鸣。例如：建立共同点获得对方认同："我们都相信这样做对公司有好处。""我们都为此事担心，如果不能按照合同时间出货……""想象一下，如果这个项目成功实施，在这个行业就是标杆了，到时候领导会怎么看？"

19. 让客户帮你转介绍，只要注意以下六点

销售人员拜访客户时，一个老客户提到他的朋友的公司计划采购一套设备，而这种设备恰好也是你的公司正在销售的。事后，你会做如下哪件事情：

1）暗中记下公司名字，直接去拜访；

2）让客户提供他的朋友的名字和电话；

3）先请客户打个招呼，然后到对方公司拜访；

4）客户约他的朋友，三个人一起吃个饭。

下面对以上四种情况进行分析：

1）是最不理想的方法，只是获得客户线索，没有充分利用客户的转介绍；

2）只能在见到客户朋友的时候，再说出你们共同认识的人，但好过第一种；

3）先请客户打个招呼虽然比较间接，但也算不错的选择，前提是客户与你关系不错愿意为你引见；

4）朋友的朋友是朋友，通过朋友引见是建立客户信任最好的途径，客户对你非常信任，愿意为你推动销售是最佳选择。

我们都知道，B2B销售模式中成功的关键因素之一是与客户建立信任，熟人牵线搭桥是与客户建立信任关系的捷径，虽然它对你销售的成功不一定起着决定性的作用，但确实缩短了双方从陌生到熟悉再到信任的时间。所以大客户销售人员初次拜访的开场白中，告诉客户我是某某人（可以是对方的熟人、朋友、领导等）介绍来的，的确可以起到意想不到的效果。

如何成功地请熟人帮你转介绍？需要注意以下六个方面：

（1）取得推荐人的信任。如果你还没有成功地与推荐人实现交易，或者对方对你的为人也不十分清楚的情况下，要求对方用他的信誉为你担保，可能性是比较低的。以前经常有保险代理人要求我帮其介绍我的同事、朋友买保险，我当然是拒绝的。

（2）掌握合适的时机。当客户对你的产品和服务比较满意或者心情比较愉快的时候，是你要求对方转介绍的最佳时机。有的时候客户由于某种原因没有跟你实现交易，利用客户的负疚感要求其推荐也比较容易成功。

（3）请人为你推荐。如果推荐人能够为你打个电话甚至可以帮你把人约出来一起碰个面，一定好过只是为你提供名字和电话，然后在见面时提到他的名字，因为在那个人的心目中，两者的分量是不同的。

（4）给推荐人介绍情况。清楚地告诉推荐人，我们的客户是怎样的，什么行业，什么类型，公司性质和规模，使得推荐人有的放矢，知道什么样的客户适合我们，提高转介绍的成功率，同时也有利于推荐人与被推荐人的沟通。

（5）对推荐人表示感谢。无论最后的生意有没有成功，都对推荐人表示由衷的感谢，"张总，上次您帮我介绍的客户因为是您推荐的，对方对我们非常重视，虽然后来由于预算问题没有成功，但真的很感谢您！"这一点尤为重要，这会导致推荐人为了证明自己的价值，下一次更加积极地为你转介绍。

（6）搞清楚推荐人与你要见的客户之间的关系密切程度。最好搞清楚推荐人与你要见的那个客户的关系密切程度，有些人确实过分热情地为你推荐，并声称与你要见的客户关系很好，其实不是那么回事儿。我过去也碰到过这样的尴尬事，我提起那个推荐人，可对方表示没听说过，后来了解到他们只是在一次学术会议上见过一面而已。

——大客户销售这样说这样做

三 客户需求

20. 你了解客户需求的冰山理论吗

根据需求冰山理论，不同客户对其自身需求的了解程度是不同的（如图3-1所示）。首先是处于冰山上部的显性需求阶段：客户清楚地知道自己需要什么，采购标准非常明确（对品牌、产品、服务、价格有更细节的需求，同时对每个细节所占的比重有明确的认定），客户要解决的是如何采购的问题；或者客户认为自己知道需要什么，有初步采购标准。其次是冰山中部的隐性需求阶段：客户对自身的需求不清楚，但客户有要实现的目标。知道自己有问题或对现状不满，但他们找不到解决的办法，客户要解决的是为什么要采购的问题。再往下是深层需求，采购者个人感到安全、上级肯定、成就感、受尊重、权力、金钱等，客户解决的是选择哪一家供应商的问题。

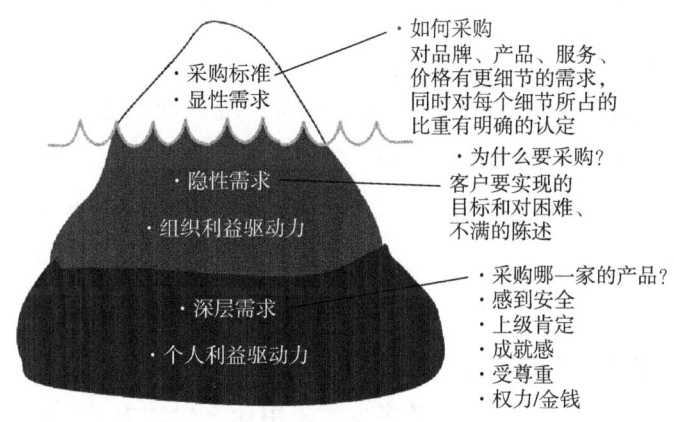

图3-1 客户需求冰山理论

举一个生活中的例子：

一个人去医院看病无非是三种情况：第一种是久病成良医，知道自己是什么病、该吃什么药、哪些药效果不明显。因此，他不需要检查，也不需要医生诊断，直接开药走人。第二种情况是病人在医院门口碰到的人，说你这种病其实是阴虚阳虚、气血两亏，要靠中医理疗针灸，旁边有家诊所很有效。如果你对自己的病不确定，意志不坚定就有可能上当。第三种情况是你近来后背疼痛不舒服，茶饭不思，但不知道是什么原因，你决定去医院看病，但被医生诊断前你并不知道得了什么病，具体解决方案要靠医生检查后才能得知。

再举一个例子：

销售人员：赵经理，您对印刷设备有哪些要求？
赵经理：除了质量好以外，主要就是操作简单。（**显性需求**）
销售人员：您说的操作简单具体是指什么？
赵经理：一定要中文界面。（**显性需求**）
销售人员：赵经理对操作这么关注有什么特殊原因？
赵经理：我们的员工学历都不高，所以操作上越简单越好（**隐性需求**），否则大家用不好，只会说我们没买好，我们这儿人多嘴杂，领导不了解情况，还以为我们工作不得力（**深层需求**）……

通常销售人员对显性需求的问题包括：买什么型号？买几台？什么时间购买？预算是多少？采用什么付款方式？对产品能耗、操控性能以及寿命的要求是什么？而有关隐性需求的问题包括：什么工作环境？干什么活？工作多长时间？生意怎么样？产品使用过程中遇到什么麻烦和问题？深层需求是采购当事人的购买动机（个人关注什么？担心什么？）。

回答显性需求时，客户可以撒谎，例如：客户声称需要较大的采购量，但销售人员了解客户工况、业务拓展计划等隐性需求后发现实际采购量没这么大。客户一般会告诉所有供应商他将以什么标准采购，这是显性需求。对于隐性需求，客户只会告诉他信任的人为什么要采购和采购背后的组织利益驱动力。而深层需求客户隐藏得更深，没有充分的信任不会把自己的购买动机和需求告诉你（那些上来就要好处的人多半不靠谱），同时当事人的深层需求往往不是单一的，例如：其既要拿好处又要压价是要在领导面前邀功。

21. 如何满足、引导、挖掘和梳理客户需求

第一天，大卖场来了一个顾客，点名要买一台大金空调，他是大金的忠实粉丝，还说其他品牌价格再便宜也不考虑，客户清楚地知道自己需要什么，采购标准非常明确。巧了，你就是那个卖大金空调的销售人员，送上门的生意立刻成交。你的产品正好满足了客户的需求，这种情况可遇而不可求。

第二天，一个客户说要买中央空调，而你卖分体式空调，你有没有机会呢？你问他买中央空调的原因是什么，他说他朋友都是用中央空调，你又问他朋友的房子是怎样的？他说住的别墅，再问他住的是什么？公寓房。好了，机会来了，你告诉他公寓房由于层高问题最适合的还是装分体式空调，分体式空调价格低而且后期维护成本小。客户有初步采购标准但意志不够坚定，客户

被你说服。你一开始不能满足客户的需求，但客户真正要解决的是天气太热的问题，你通过挖掘客户需求背后的问题（隐性需求）来改变他的采购标准，也达到了销售的目的。

第三天，一位客户一开始就打算买分体式空调，但不确定买什么品牌，去大卖场一看，有这么多品牌，客户有点蒙。第一个接待客户的是格力促销员，他会说："好空调格力造，买空调要选大品牌，买得放心。"第二个是海尔促销员，他会说："买空调关键是看服务，我们的安装规范，安装时间最短。"第三个是美的促销员，他说："买空调最重要的是省电，一天一度电，买变频还要选美的。"最后一个促销员是奥克斯的，他跟客户说："其实家用空调都差不多，关键还是看价格。"这四个销售人员都很专业，不过他们都在做一件事情，就是根据其独一无二的产品特点或优势，引导客户的采购标准或为客户制定标准。如果最终客户买的是格力空调，除了客户自身对空调采购标准比较犹豫以外，也说明格力销售员基本功了得，能够引导客户的采购标准。

以上客户都是处于冰山上部的显性需求阶段：第一天的客户清楚地知道自己需要什么，采购标准非常明确，直接满足；第二天和第三天的客户知道自己需要什么，有初步的采购标准，但通过销售人员引导和挖掘客户需求改变了采购标准；如果第四天的客户根本不知道该选择空调、电扇还是降温饮料，其就是处于冰山中部的隐性需求阶段：客户存在一些问题或对现状不满（天太热），但他们自己找不到解决的办法。这个阶段的客户在表达需求时，通常词不达意、杂乱无章，难以准确地表达或者梳理自己的显性需求。由于此阶段客户对自身的显性需求不清楚或者不愿明说，这就成了考验销售人员能力的时候。当客户说不清楚显性需求时，销售人员需要了解工况条件和存在的问题，帮其梳理显性需求，提供针对性的解决方案，同时把客户引导到你的产品优势上来。

所谓冰山上部的需求好发现难满足，冰山中下部的需求难发现却好满足，通过有效地挖掘深层次的个人需求，销售也是最容易获得成功的（如图3-2所示）。例如：客户最后购买的是美的，是因为那个导购员热情而有亲和力。客户不愿意明说的深层需求更需要仔细探究，客户说："你的东西太贵了（难满足）。"客户的潜台词可能是："这是个大单，我对你不了解，所以很犹豫。""现在的供应商也不错，一定要用你的，别人会怎么看？""其实我有点想法但不能明说。"

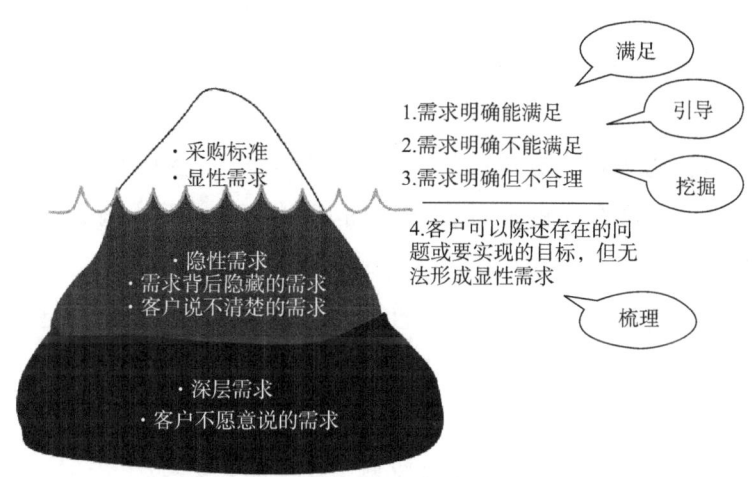

图3-2 如何满足、引导、挖掘和梳理客户需求

22. 三类客户的应对策略

根据需求冰山理论，不同客户对其自身需求的了解程度是不

同的，首先是处于冰山上部的显性需求阶段：客户清楚地知道自己需要什么，采购标准非常明确，例如：客户邀请投标、固定订单，我们称之为订单客户；客户认为自己知道需要什么，有初步采购标准，例如：客户项目已立项，询价初步接触供应商，我们称之为现实客户。其次是冰山中部的隐性需求阶段：客户对自身的需求不清楚，但知道自己有问题或对现状不满，由于某种原因他们找不到解决的办法，我们称之为潜在客户。

例如：有一天一个客户来买一套礼服，如果他能非常清楚地告诉营业员他要的颜色、款式、价格等，他就是我们说的订单客户；但他不确定、犹豫、不知道要买哪一款时，他就是现实客户，营业员必须问客户在什么场合参加什么活动，从而有针对性地为客户介绍；当然，客户深层需求有可能是想见某个暗恋对象，一般他不会跟你说。

（1）订单客户应对策略。对于订单客户你会遇到三种情况：一是你能满足客户的显性需求，而其他供应商无法满足，恭喜你，你太幸运了（其实往往这种幸运也不是偶然的）；二是你和所有供应商都能满足客户的显性需求，我们碰到的大部分是这种状况，通常的做法就是拼价格，怎么办呢？

销售人员：赵经理，您对印刷设备有哪些要求？

赵经理：除了质量好以外，主要就是操作简单。

销售人员：您说的操作简单具体是指什么？

赵经理：一定要中文界面。

销售人员：赵经理对操作这么关注有什么特殊原因？

赵经理：我们的员工学历都不高，所以操作上越简单越好，否则大家用不好，只会说我们没买好，我们这儿人多嘴杂，领导不了解情况还以为我们工作不得力……

销售人员：理解，赵经理，针对您刚才说的这种情况，除了中文界面，我们还可以提供岗位操作培训，如果有必要，工程师还可以驻厂指导，您觉得这个方案可以吗？

赵经理：可以。

销售人员：另外还可以就岗位培训和指导做一个需求调研，听一下生产和技术部门的意见，您觉得这对您会有帮助吗？

赵经理：那太好了，员工就没法抱怨了。

请注意，销售人员并没有简单地满足客户需求，而是通过挖掘隐性需求和深层需求，提出差异化的解决方案（操作培训、驻厂指导、需求调研），提供附加价值与竞争对手拉开距离，同时避免了价格竞争。

当然还有第三种情况，你确实无法满足客户的采购标准，例如：超低的价格、苛刻的付款条件，更糟糕的是竞争对手做了手脚，他们可以满足客户的显性需求而你无法满足，这类客户放弃也罢。

（2）现实客户应对策略。 与订单客户不同，现实客户有初步采购标准，但没有坚定的想法，当不能满足其显性需求的时候，通过了解客户的隐性需求（工况条件、存在的问题和要实现的目标等）来引导客户的显性需求，使其显性需求接近你的产品优势。例如：客户要买进口的润滑油，因为国产的润滑油经常造成客户设备停机，通过了解，销售人员发现设备停机是客户使用了劣质的产品，同时不懂得设备如何正确保养维护，如果能解决导致客户设备停机的这些因素，客户会不会接受国产润滑油呢？也可以设法直接引导客户的显性需求，请看以下案例：

客户：柳工、三一、徐工都是一线品牌，质量都符合我的要求，关键就看谁的价格、付款条件有优势。

销售人员：王老板，您说的质量具体指的是什么？

客户：只要能干活，不趴窝就行。（初步采购标准）

销售人员：其实一台挖掘机至少要使用7~8年，购买成本当然要考虑，但油耗和维修保养费用也是一笔不小的开支啊！再说，万一您以后不想干了，不同挖掘机二手车残值差别是相当大的，您说是吗？

客户：也对，那你详细说说。

（3）**潜在客户应对策略**。潜在客户只是知道自己有问题，或提出显性需求时，由于其专业水平所限，难以准确地表达出来，你需要帮他梳理显性需求，使其显性需求接近你的产品优势。请看以下案例：

销售顾问：张经理，你们每年的销售计划是如何制定的？

客户：基本上根据上一年度的销售情况，结合公司的增长幅度要求制定当年的销售计划，但也就是一个大致的估计。

销售顾问：在制定销售计划时你感觉有困难吗？

客户：最头痛的是缺乏数据分析，尤其是每个单品的销售计划都是拍脑袋定出的，根本是一个大致的估计。我在为每个地区分解销售目标时也没有说服依据，变成了与分公司经理讨价还价的过程。

销售顾问：那销售计划不准确会导致什么后果？

客户：我们常常听到生产部门抱怨，由于我们的销售计划不准确，造成部分原材料积压，还有一些原材料短缺，出现生产线停工待料的状况。

销售顾问：对你的销售又有什么影响？

客户：影响太大了，现在正是销售旺季，由于缺货，经销商把我的电话都快打爆了，这个月的销售目标完不成，销售奖金也泡汤了。

销售顾问：你对通过销售数据库来分析和预测客户未来的购买倾向，并使你的销售计划准确性提高的管理软件有兴趣吗？

客户：有吗？这正是我所需要的管理工具。

23. 如何判断三类客户

大客户采购中的客户类型包含潜在、现实、订单三类客户。针对不同客户销售人员需要采取不同的销售策略，所以需要先判断客户类型，客户类型有时候好判断，有时候比较难判断。一般来说，大客户采购有两种形式：大订单一次性采购和小订单持续性采购。前者，客户需要产品定制或者提供解决方案，例如：采购管理软件、系统集成等技术复杂产品，客户大都不太专业，以潜在客户和现实客户为主；后者一般是标准产品，容易被替代，例如采购原材料、标准元器件等，客户对产品已经非常熟悉，以订单客户为主。不过这只是一般的判断，大客户采购在采购流程的不同阶段，客户类型有可能从前期的潜在客户向后期的订单客户转变。

与客户沟通的时候，对方只是一味提要求，例如：3D画面、中文界面、USB3.0接口等，告诉销售人员怎么干，这意味着客户已经形成了明确的显性标准（很有可能还是你的竞争对手告诉他的），一般就是订单客户；当客户只是笼统地说设备质量好、服务到位、操作简单，一般就是现实客户，这说明客户还有可塑的空间，这对销售人员来说就是一个机会；如果客户只是陈述问题点（安全隐患、效率低下）或要实现的目标（提升学术影响力和品牌认可度），而没有具体的解决方案，这就是一个潜在客户，客户的可塑性和销售成功概率更大。

另外，当大订单一次性采购流程很长的时候，你必须判断客户处于采购流程的哪个阶段和你在客户心目中的位置。很多销售人员易犯一个致命错误：都快到投标阶段了，也不清楚自己在客户心目中是第几位候选人，稀里糊涂成为第二、第三候选人，其结果是时间耗上了，钱也花了，但客户就是不买你的产品。更为悲剧的是，销售人员自始至终都被蒙在骨子里，扮演陪练角色，陪同第一候选人跑至终点。你打算的结婚对象把你当作备用人选，新娘明天都要结婚了，你还在做新郎的梦呢！

那么如何准确地判断？以下有几种判断方法：

（1）客户疑问是多还是少。 如果你见客户时，客户有很多疑问，一头雾水状，恭喜你！客户的采购流程很可能只是在初期，或者你的竞争对手没做太深入的工作，客户还属于现实客户，或者更早一点的潜在客户，客户被引导的机会很大。相反，如果客户的疑问很少，甚至只提差异性的东西，那就提高警惕吧，要么客户本身很专业，要么客户很可能属于订单客户。

（2）客户肯不肯为你花时间。 在采购前期客户愿意花很多时间和你进行漫长的讨论和分析，那么你很有希望赢得这个订单，因为客户也不可能一天到晚什么事都不干，只陪你聊天，他很有可能是想搞明白一些事情；相反，如果客户到了采购后期对所有的问题几乎都有答案或者很在行，可能他已经被你的竞争对手培养得很成熟了。前者是现实客户，后者可能就是订单客户。

（3）讨论问题是否深入。 如果客户愿意和你讨论与产品有关的各个方面，这是个好消息，说明客户在认真地考虑购买问题；相反，如果客户只愿意和你讨论个别问题，比如某个单一功能能否实现，某个服务问题或者干脆是价格问题，客户经常问你"这个价格行不行？""那样做有什么风险？"，这时客户一般都处于采购后期要最后下决心但又感觉心里没底，客户采购标准已经很明确，标准也很可能是你的竞争对手制定的，客户内心其实已经接受，只不过有个别问题不放心，再找人确认而已。前者是现实客户，后者就是订单客户。

24. 你真的想错了，客户采购在乎的是风险而不是价格

一个发生在我身上的故事，我女儿要中考，学校特别提醒要准备4支2B铅笔，而且质量要好，一定要在正规的文具店里买，据说劣质铅笔可能会引起扫描考卷时计分不准。那我在"某宝"上买，还是在"某东"上买？当然，在"某东"上买也有不同价格的产品，我毫不犹豫地选了贵的。

另一个故事发生在2009年3月，万科在上海开发的某楼盘被曝光采用建筑周期较短的新技术，导致了"隔音门""漏水门"等多种质量事件。已交房的部分楼房存在隔音问题，楼上、楼下的邻居和隔壁邻居都能听到对方房间里发出的声音。浴室渗水现象也出现，更有甚者，部分浴室漏水还会渗到卧室和挨着卫生间的书房。当时正值房地产市场低迷，楼盘连续降价，前期购房者纷纷要求退房，房屋质量问题正好成为退房理由。由于动静搞得太大，据说上海万科甚至做好了关门的准备，为了应对客户的投

诉，上海万科公司90%的员工参与处理客户投诉，最终事态得以平息。所有这些麻烦只是因为万科在施工时采用了不成熟的新材料和新技术。

价格确实很重要，当其他因素都差不多时，低价就会成为决定性因素，但其他因素都差不多的情况极少出现，至少产品的性能会有差异，服务会有差异，甚至卖产品的销售人员都是有差异的，有的时候就是某个销售人员让你感觉不舒服，你宁愿买更贵的产品，所以客户购买是因为价值。但事实告诉我们，大客户最关心的问题不是价格，甚至也不是价值，而是风险，人们并不总是购买最高价值的产品，但是他们无一例外会选择购买最低风险的产品。

什么是风险？当一个客户因为错误的采购而产生的潜在成本就是风险，不仅仅是购买成本的损失，如果没有做出正确的选择，客户还需要承担连带损失。为修正错误结果而付出的代价远远超出购买成本的损失，前面的案例都说明了这个问题。因此，购买决定的风险越小，客户越可能选择你的产品或服务，尤其是大客户采购。

你会对客户说："无论发生什么问题，我们公司都会负责解决。"你也许是这么想的，但你的客户并不这么想，风险的大小是由客户来认定的。假设你提供的设备无法正常工作，客户可能得关闭生产线，花上几周时间维修甚至重新换掉设备，导致产品无法销售，信誉受损，他的客户投诉索赔。由于这样的混乱情况，采购当事人甚至可能因此失去工作，这就是他的风险。

因此除了向客户提供价值（质量、服务、价格）以外，更应该考虑如何降低客户的采购风险，这样客户购买你的产品的可能性才会增加，降低客户的采购风险有以下几种方式：

（1）提升品牌知名度和美誉度，大的品牌给人安全感。IMB曾经说过，购买IBM的理由是：你可以回家安心睡觉。言下之意就是出点问题，你也可以理直气壮地说我买的是IBM，还能怎样？其实产品同质化是一个趋势，当提供的价值一样的时候，品牌能给人带来的就是安全感。

（2）与客户决策人建立稳固深入的关系。关系缓解风险，关系越紧密，风险越低。这就是在竞争情况下与客户有长期关系的销售人员总能获得订单的原因，这与价格无关，与风险有关。

（3）参观样板客户或供应商。告诉客户，和他类似的企业也在使用你的产品或服务，公司的规模和管理的规范，这都意味着客户购买产品的风险降低。

（4）产品演示和产品试用。尽可能让客户亲身体验你的产品。如果你销售的是一种设备，试着让客户试用设备或给他演示，眼见为实，越是让你的客户亲眼看到真实的产品，他们感知的风险就越小。

（5）权威推荐和检测报告。全国牙防所为宝洁公司的牙膏做宣传就是例子，虽然后来很多人对此持有异议，说全国牙防所只是一个宝洁公司资助的民间组织而已。同样的检测报告其他供应商是送检而你是抽检，一定向客户强调这点。

（6）以小额交易为契机，逐步成为客户主要供应商。先从小额交易开始做，以此为契机进入客户供应商体系，逐步建立关系，最终成为他的主要供应商，这比一下子做个大订单客户感觉到的风险要小很多。有时候我们知道如果你是对方的备选供应商，好单子轮不上你做，只有竞争对手搞不定的时候客户才会想到你，但这何尝不是一个开始合作的机会呢？

总而言之，一个大客户采购，如果以前从未与你有合作，那么从他们的角度来说，除了价值，客户更关心的是风险，产品失败导致的后果越严重，客户越关注采购的风险。客户往往跟你谈价格，但风险一定是客户首先考虑的深层需求，只是不明说而已。

四
沟通技巧

——大客户销售这样说这样做

25. 提问的两种方式你还需要注意些什么

提问包含两种方式：开放式提问和封闭式提问，以 5W1H 开头——WHY、WHEN、WHERE、WHO、WHAT、HOW，是开放式提问；提供选择答案，引出"是"或"否"，"A"或"B"的选择，是封闭式提问。开放式提问的目的是：搜集资讯展开讨论，了解客户需求，鼓励客户多说；而封闭式问题的目的是：锁定信息和需求。

一个小伙子准备蹚水过河，他问在河边钓鱼的老翁："河里有没有蛇？"老翁说没有，小伙子放心地走向河对岸，突然河中蹿出一条鳄鱼，把小伙子吓得够呛，他回头质问老翁为什么没告知他河中有鳄鱼，老翁回答道："你只问了河中有没有蛇。"是的，老翁的回答没毛病，小伙子只问了一个封闭式问题，要了解更多的信息应该问开放式问题，比如"河中有什么危险"。

如果你要了解事情的真相和客户的需求，应该多问开放式问题。"你看向谁汇报我们的方案？""你能介绍一下设备使用的工况条件吗？设备要在什么时候交付使用？""本次采购你们最担心的问题是什么？为什么把能耗作为最重要的采购指标？""以前你们是如何做决策的？"

开放式问题可以问得很宽泛，例如："你有什么问题和困难吗？"也可以问得很聚焦，例如："你们在控制产品质量的稳定性方面碰到了哪些麻烦？"一般是沟通前期以宽泛为主，到了后期情况清晰应逐渐聚焦，最终以一个封闭式问题确认需求："你的意思是说……是吗？"但如果销售人员一上来就问聚焦的开放式问题，也会让客户觉得你很专业。

另外，同样是开放式问题，"WHY"可以让对方直接说出需求背后的原因，快速了解客户动机，搞清事情真相，例如："为什么您觉得我们的价格贵呢？"但这样的问题带点负面情绪，有点咄咄逼人，可以加点柔和的语言，如："不介意我问一下，为什么您觉得我们的价格贵呢？"或者用"WHAT"，"您刚才谈到您对价格比较感兴趣，有什么具体的原因吗？""WHY"还有一种用法，"为什么越来越多的人都在用××产品？"这也是一种正面的暗示。

封闭式问题在什么时候用？就是确认某件事情，当打电话预约客户见面的时候，一般采用封闭式提问。开放式提问是这么说的："张总，您什么时候有空？"张总回答："不确定，要不我有空的时候再给你打电话吧。"张总会不会给你打电话，估计不会。封闭式提问是这么说的："张总，您是下周一还是下周二比较方便？""我下周二相对会空闲一些。""那您看下午一点还是两点我来拜访您比较合适？""那就两点吧。"另外，把客户的注意力重新转移到双方都赞成的话题上，可以这么说："因此，你我都认为，供应商的合同履行和交货时间尤为重要，是吗？"

除了确定的作用外，封闭式提问用得好还能提升客户对你的信任度。

封闭式问题问得好让对方产生信任感，不过必须保证对方回答"是"。如果你在和客户交流的时候这么说："设备运行两年是否出现了跑漏和能耗增加问题？""合格设备操作工的招聘和培训是不是给你们带来较大的困扰？"如果对方正好有此类问题，一定会对你刮目相看，但这需要销售人员具有丰富的行业经验和对此类客户日常运营有深刻了解，否则客户的回答都是"否"，你基本上要被扫地出门。

还有一种封闭式问题是 A 或 B 的选择，也可以增加销售人员的专业度和可信度，例如："贵公司是以销售产品还是解决方案为主？"客户感觉你是行家。4S 店的销售人员是这么问问题的，先来个开放式问题，然后是一连串的封闭式问题："先生想买什么价位的车？车是商用还是家用？喜欢轿车还是 SUV？喜欢德系车还是日系车？自然吸气还是涡轮增压？手动还是自动挡的？带天窗还是不带天窗？"以上提问除了让客户感觉你非常专业以外，也可以在最短的时间内有效地获得客户的信息。不过这样的问题有点压迫感，客户有可能会感觉不舒服，所以，不时要用开放式问题调节一下，例如，问一下他的职业是什么。

开放式问题和封闭式问题最好交替使用，一般是先问开放式问题让客户与你沟通，然后用封闭式问题确认。例如 4S 店销售人员先用开放式问题与客户打招呼："先生上午好，有什么需要帮忙的吗？先生想买什么价位的车？平时车主要是什么用途？"然后用封闭式问题锁定需求："喜欢德系车还是日系车？喜欢传统型还是运动型？"第三步再用开放式问题："车内空间有什么要求？安全性能有什么要求？"最终锁定客户需求："您是想买一辆外形稳重大方、车内空间大、安全系数高的车，是吗？"最终锁定客户的需求。

26. 了解客户需求问清这六个问题就够了

客户是为了自己的需求购买产品，而不是为了你的理由购买,你若是想和客户合作,就要先考虑一下他的需求是什么。要与客户沟通,通过提问和倾听才能了解客户的需求,一旦你通过精心设计的问题搞清客户的问题所在,销售就变得非常简单,成交也变得轻而易举。

客户的需求可以用冰山理论来解释:冰山上部是显性需求,解决的是客户如何采购的问题,包括:购买需求(型号数量、购买时间、预算及付款方式)和对性能的要求;冰山中部是隐性需求,解决的是客户为什么要采购的问题,包括:工况条件、客户存在的问题、客户未来的规划;冰山最底层的是深层需求,解决的是采购哪一家的问题,关系到采购当事人的个人利益部分。

冰山上部的显性需求比较容易被发现,而隐性需求尤其是客户个人的深层需求最不容易被发现,没有达到一定的信任度客户很难坦诚相告。需求提问一般也是从冰山上部的显性需求开始,逐步向冰山的中下部深入,挖掘客户的隐性需求和深层需求。通过精心设计的6个问题的提问,销售人员就可以完成探询、引导并最终锁定客户需求。

以工程机械销售为例:

第一个问题(了解信息):您需要什么型号?买几台?打算什么时候购买?如何支付?性能有什么要求? 这类问题是询问客户的显性需求,如果客户能够明确地回答,表示客户对自己的需求比较清楚,知道自己需要什么。接下来有三种情况:一是只有你能满足客户的需求;二是大家都能满足客户需求;三是你不能满足客户的需求。前面我们也讨论了对策。还有一种情况,客户对自己的采购标准不够确定,例如:当客户只是笼统地说设备质量好、服务到位、操作简单,或者客户说:"设备质量大家都差不多,关键是价格低。"你的价格是最高的怎么办?

接下来抛出第二个问题(追问细节):**您是如何定义质量的?**

关于这点您能说得更详细点吗？ 当不能满足客户需求的时候，需要引导客户的需求，第二个问题就是引导客户对质量重新定义。客户也许会说："只要满足国家标准都是可以的。"那你接着说："购买成本当然是重要的因素，但您有没有考虑到设备的使用成本：能耗、环保成本，还有使用寿命？"还可以这么说："除了质量外，很多客户还重视节能和环保，这是不是您关注的呢？"引导客户从关注价格转变为关注价值。

第三个问题（深入挖掘）：**您刚才谈到您对××比较感兴趣，有什么具体的原因吗？** 当不能满足客户需求的时候，也可以挖掘客户需求背后的原因即隐性需求。例如："您刚才谈到您对挖掘机的能耗比较关注（您的设备能耗高），我想了解一下您的设备在什么工作环境下作业？"然后你继续说："您装卸矿石都在山上，重载工况的车肯定费油。您要是买省油的车，遇到坡度比较大都爬不上去！"当然你也可以用类似的问题提问："为什么这些（客户关注点）如此重要？"了解客户显性需求背后存在的问题和要实现的目标，使客户的显性需求更接近于你的产品优势。例如："刚才您谈到从没有用过国产设备，主要是担心矿山作业强度大，国产设备折旧快，可是，您想想，进口品牌挖掘机价格比国产同类型号要贵一倍以上，使用寿命可没有超过一倍，如果您担心设备使用寿命问题，我们还可以将两年3000小时保修期延长至三年4000小时，您算算这笔账。"

第四个问题（确认需求）：**根据我的理解，您正在寻找……是这样吗？** 例如："那么您的意见是：需要将两年3000小时保修期延长至三年4000小时，我的理解没错吧？"当客户回答"是"的时候，就锁定了客户需求，接下来的事情就是解释你的产品和服务如何满足客户需求。

如果满足了客户需求但客户还是不为所动——不买，那就问第五个问题（了解深层需求）："陆总,是不是哪些地方我们做得还不够好?"探询了解客户深层次的需求。B2B销售模式中客户需求是有组织的需求,例如:产品质量、服务、付款条件,但所有的组织购买又是通过个人来实现的,个人的动机和需求包括:是否感到安全、上级肯定、成就感、受尊重、权力、金钱,这些都会影响到采购的决策。而客户个人动机和需求又是隐藏在其内心深处的,对陌生人不会轻易表露,需要销售人员察言观色,善于发现他想说但不方便说的或者他刻意否认的想法,深层次的需求需要在与客户建立信任的过程中逐步了解,因为这才是客户在乎的核心需求。

最后用一个承诺型问题将销售向前推进或要求成交,"方便帮我引见一下设备科科长吗?""下周一签订合同打款,这样安排行吗?"

销售人员：赵经理,您对印刷设备有哪些要求?（**了解信息**）

赵经理：除了质量好以外,主要就是操作简单。

销售人员：您说的操作简单具体是指什么?（**纵向追问细节**）

赵经理：一定要中文界面。

销售人员：赵经理对操作这么关注有什么特殊原因?（**深入挖掘**）

赵经理：我们的员工学历都不高,所以操作上越简单越好,否则大家用不好,只会说我们没买好,我们这儿人多嘴杂,领导不了解情况,还以为我们工作不得力……

销售人员：理解,除了中文界面以外,很多客户还要求岗位操作培训和厂家驻厂指导,这是不是您关注的呢?（**横向追问细节**）

赵经理：那太好了。

销售人员：赵经理，我确认一下，除了操作简单和中文界面外，岗位培训和驻厂指导对贵公司也是很有必要的，我的理解对吗？（**确认需求**）

赵经理：没错。

销售人员：那我把这几条加到我们的合作协议中，您看下周一能否确认合作协议？（**要求承诺**）

27. 发掘和引导客户需求的五个关键提问（上）

客户感觉有问题，但由于某种原因他们决定忍受，暂时没有改变现状的需求（没打算购买你的方案、改变现有的方案、引进新的产品或方案），或者客户知道自己有问题或对现状不满，想解决但他们找不到解决的办法，这些客户我们称之为潜在客户。销售人员通过与客户沟通发现对方的问题，把问题放大，同时提醒不解决问题的严重后果，当客户感觉所付出的购买成本小于不解决问题所付出的成本时，就可以激发客户的购买欲望。而在这个过程中销售人员可以结合自身优势，形成先入为主的影响力，这就是发掘和引导客户需求的 5 个关键提问（如图 4-1 所示）。

（1）探索型提问。什么是探索型提问？就是收集有关客户运作及业务现状的背景信息，当然也包括客户个人背景信息后提问。探索型提问可以是开放式的，例如："你们现在使用的是什么类型的设备？""此次设备升级改造，主要解决什么问题，达到什么目标？"也可以是封闭式的，例如："目前这些设备运行了多少年？""张总，看你对业务这么熟悉，你在这个企业待了很

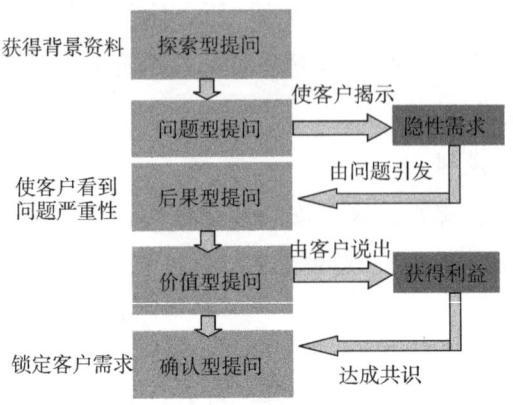

图4-1 发掘和引导客户需求的5个关键提问

久吧?"

但不是漫无目的地提问,要有一定的逻辑性,你的提问一定有目的,或者要为接下来的问题埋下伏笔。所以,这类提问要事先准备,撇去不必要的背景信息,要问与你的最终成交密切相关的问题。

例如:"你们现在使用的是什么类型的设备?"其实背后的动机是:从客户正在使用类型或品牌的机器,可以大致了解这个客户的购买能力以及和你公司产品的定位是否相符;如果你够专业,再问一下:"目前这些设备运行了多少年?"你能大致知道这些设备估计会有什么问题出现,为未来突出你的产品优势打下伏笔,"此次设备升级改造,主要解决什么问题,达到什么目标?"这个问题是针对客户知道自己有问题或要达到的目标,想改变但还没有成熟的解决方案而提出的。

需要注意的是,问探索型问题时,客户完全有可能不回答你,因为客户觉得这种问题对你有价值,对他没有什么好处,凭什么要告诉你,倒有点像被审问的感觉。因此,探索型的询问要注意以下三点:一是与客户建立信任关系,消除客户的戒心,让客户愿意跟你交流；二是不要问太多，问得太多容易引起客户反感，很明显的信息可从其他途径得到；三是提问不要太直接以免使得客户不快，比如"这件事情你能不能做主？"应该这样说："假如您关心的问题都解决了，是否还需要其他部门审核？"

（2）问题型提问。什么是问题型提问？就是询问客户面临的问题、困难。例如："工人在操作设备的时候有什么困难？设备的噪音有没有带来什么麻烦？你觉得还有什么地方需要改善？"问题型提问同样有开放式和封闭式两种。

采购是因为客户需要解决问题，工人在操作设备的时候有困难，设备的噪音带来麻烦，这些都是客户面临的问题，当这些问题影响到生产效率或者工人身体健康的时候，客户当然需要购买操作更简单、噪音更低的机器。那么客户的问题为什么要通过提问了解呢？可不可以对客户说，你有这个问题，你有那个问题，所以你必须……首先你不能确定客户真正的问题出在哪里，即使知道，也要让客户从自己的嘴里说出来，客户相信自己得出的结论，而不重视被告知的东西。所以问题型提问是把销售人员自己想说的话让客户说出来，并变成客户自己得出的结论。在销售中，千万不要试图去说服客户，能说服客户的只有客户自己，销售人员应该做的就是创造客户自己说服自己的机会与氛围。

另外，很重要的一点是问题型提问是有的放矢，必须以你的产品优势为出发点，寻找只有你的产品能解决的或者竞争者花更高成本才能解决的问题。如果价格不是你的优势，你肯定不会问这样愚蠢的问题："是不是感觉预算有点紧啊？"提问不是漫无目的，要有一定的逻辑性，为接下来你的解决方案埋下伏笔。例如：之所以提设备的噪音一定是因为你的产品有很好的解决方案。

最后，我们说问题型提问确实对客户有价值，但不是没有风险。如果有人问你:"先生,你身上有啥缺陷?"你肯定非常恼火。如果你拜访中国银行行长,对他说:"听说你们的网上银行很不安全,我想和你聊聊。"行长会不会把你赶出去?换一种说法也许更好一点,"你感觉在网络安全上有没有需要改善的地方?"你甚至可以旁征博引,借第三方的例子来讲网上银行安全的负面案例。

问题型提问是否让客户感到痛苦?客户会不会决定购买?也许客户会说:"我确实有这些问题,好吧,你有什么解决方案?"这是属于有需求想改变的,销售人员需要以专业的能力帮其梳理显性需求,使客户的显性需求更加接近你的产品优势。还有一种可能,"是的,确实我有这些问题,但问题没这么严重,解决问题是要花成本的,算了,还是维持现状吧。"所以要促使客户产生购买需求,接下来要用到第三个提问。

28. 发掘和引导客户需求的五个关键提问(下)

(1)**后果型提问**。问题型提问让客户感到有点痛苦,但没有**改变他的想法**,毕竟改变现状需要付出成本,解决目前的问题**花费时间**、**金钱**似乎有点不值得,所以客户仍然没有需求。大多数购买行为的发生都是买主的不满达到**极致**,例如:今天感到有点发烧头晕,上医院比较麻烦,忍着吧,当问题愈来愈严重,高烧不退,浑身酸痛,没办法只能上医院。所以还要继续扩大痛苦,还得在伤口上撒把盐,怎么撒盐呢?就是接下来的后果型提问,什么是后果型提问?就是问题、困难没有得到解决,给客户带来的后果的假设性提问。

例如："因为工人上岗培训要花太多的时间，会不会造成工作中的瓶颈？对你们的产量有什么影响？""工作环境恶劣，机器噪音大，会不会导致人员流失率高，是不是加剧了操作工人短缺的问题？"日常生活中也许你会碰到很多这样的例子：卖意外险的保险员会给你这样的故事：一个客户昨天才买了保险今天就出意外了，一家人因此对他感恩戴德。

问题型提问和后果型提问有比较明显的逻辑关系，前者是向客户指出存在的问题，后者是提醒对方问题导致的严重后果。后果型提问是问题型提问的升级版，把一般的问题升级为严重的问题，把小概率事件升级成大概率事件，目的就是要让客户不要犹豫，促使他立刻购买，因为不购买的后果很严重。如果客户还不行动怎么办呢？继续第四个提问。

（2）**价值型提问**。什么是价值型提问？就是询问客户对解决问题后他所能获得的回报、利益的看法。例如："你觉得操作简化后有什么效果，能省下多少培训费用？""降低机器噪音，改善工作环境，是否会对降低人员流失率有帮助？"价值型提问与前面的探索型、问题型和后果型提问也有一定的逻辑关系，如果说问题型提问是让你感到痛，后果型提问是撒把盐，让你感到痛不欲生，那价值型提问就是给你一颗糖，给你快乐，向客户描绘美好的未来，再次推动客户做购买的决定。

价值型提问还有另一种作用就是引导，把客户的注意力重新转移到双方都赞成的话题上。客户如果说："我们不需要，已经有供应商了！"你可以说："并不是一定要您现在买，将来换供应商或比价的时候，您可以多一个参考，也没有什么坏处，您同意吗？"价值型提问能让客户向你点头，当他点头超过三次以上，他就已经开始慢慢认可你了。比如你一开始可以说："您想不想让您的孩子有个健康的生活?"对方肯定同意。你接着说:"您是不是希望看到您的孩子有长足的提升?"他肯定也会点头。这个时候你再接着说:"好多孩子学习兴趣不大,主要因为学习内容太枯燥,您看我的产品,孩子们都把它当玩具玩,不知不觉中都会喜欢。"这时候家长就会容易接受,欣然购买。

(3) **确认型提问**。什么是确认型提问?弄清楚客户的意图,锁定其真实需求,无论开始是否想改变现状,最终都能与客户达成共识。确认型提问确保双方的沟通在同一频道,防止客户所讲和你的理解存在差异,为下一步介绍产品和方案打下基础。例如:"根据我的理解,您正在寻找操作更简单的设备,是这样吗?""您的意思是说降低机器噪音是您目前最关心的,是吗?""安装和调试时间必须在年底前完成,我的理解对吗?"对于较复杂的解决方案,为了避免供应商与客户对需求的理解错位,还需要与客户签订需求确认书,就功能性需求、指标性需求等达成一致,避免最后扯皮。

应当说完整的策略型提问主要针对暂时没有改变现状愿望的客户,通过发现问题、提醒后果、描绘美好前景来激发客户的购买欲望。而对于知道自己有问题或对现状不满,想解决但找不到解决办法的客户来说,如果问题恰好能解决很好。如果有偏差怎么办?这就不再是激发需求的问题,而是结合自身优势,建立先入为主的影响力,提醒客户除了他关注的问题外,其他问题导致的后果更严重。例如:"除了价格,很多客户还重视节能和环保,这是不是您关注的呢?"

请注意:关键提问的顺序可以根据实际情况灵活掌握,不一定非得按照顺序来提问,可以在会谈中插入一些轻松的话题,也可以单独使用任何一种问题模式,但思维逻辑一定是清晰的。不要把提问看成僵化的公式,把它当成一种指导方针或看作是一个灵活的会谈途径，避免过度操纵访谈内容。

销售顾问：您能告诉我贵公司销售人员流失大体情况吗？流失率是多少？（**探索型提问**）

客户：情况还真不乐观，去年我们有50个销售人员，今年差不多走掉了一半。

销售顾问：您感觉销售人员流失，会导致客户资源流失吗？（**问题型提问**）

客户：会导致客户资源流失。好些项目销售人员跟了一半离开后，与客户的关系就中断了，为此丢了几个大单，而且老客户的维护也有问题，这方面的投诉也不少。

销售顾问：因为这个问题，会对公司产生什么严重的后果？（**后果型提问**）

客户：我们需要对中断的项目重新委派销售顾问，由于新的销售顾问对客户的需求不清楚，导致技术演示不理想最终丢了订单，几个原来有很大希望的大单子，估计加起来有5000万元，已经丢了，心痛啊！

销售顾问：这几个大单的丢失，会对你们公司的竞争地位有什么影响？（**后果型提问**）

客户：几个有影响力的大单没有拿下，会使客户对我们的技术能力产生怀疑，将会直接影响到接下来的政府采购大单，问题变得越来越严重了……

销售顾问：一种能够让销售团队和销售经理共享客户信息，而不是单独掌握在销售人员手中的管理软件对你有什么帮助？（**价值型提问**）

客户：当然好了，它可以帮助我们对收集的客户信息进行统一管理，这样不仅可以让销售团队共享客户信息，还可以让销售管理部门把握每个大客户的销售进展情况,有异常情况可以马上介入,减少丢单的可能性。

销售顾问:领导,我确认一下,……我的理解对吗?(**确认型提问**)

29. 如何通过提问获取客户本不愿意分享的信息

大客户的采购,客户参与决策人多,决策过程复杂,掌握有关客户的采购组织和竞争对手的信息,对销售活动的成功至关重要,例如:采购组织成员的角色、立场、决策流程、关键人和需求。有些信息是公开的,可以通过公司网站、公开招标的标书或客户愿意公开的信息获得,而有些是半公开或者是比较私密的信息,如需求背后面临的问题和挑战,决策流程和规则,关键决策人、当事人的决策倾向,采购预算底价甚至是竞争对手报价等。

这些私密的信息如何获得呢?如果你找到愿意告诉你私密信息的人直接问他就行了,但大部分情况下客户想告诉你,但限于其公司的立场不方便直接告诉你,或者客户也不一定会直接告诉你,所以需要通过有策略的沟通技巧获得客户真实的信息。与客户沟通,好的提问使客户愿意沟通,方式应该是看似与客户漫无目的地闲谈,其实是有针对性的交流。

当要了解当事人的决策倾向时,也就是对方的立场,你不能这么说:"你个人倾向国产品牌还是合资品牌?"对方一定不会正面回答,如果你这么说,比较容易获得其真实的想法:"这事公司是如何考虑的?"或者"以往我们用的是什么品牌?您对哪个

四、沟通技巧

品牌最熟悉?"请注意,你没有直接问他个人的态度,问公司的考虑更好。

当要了解对方的决策地位时,你不能这么说:"这事您可不可以做主?"这样会惹恼对方,但如果你这么说:"项目的进展情况可否随时向您汇报?"或者"假如您关心的问题都解决了,是否还需要其他部门审核?"对方也许会这么回答:"这样重要的采购还需要董事会讨论,最好安排双方公司的老板见一下面。"或者"这事我们部门就能决定。"看,对方能不能做主就很清楚了。

"您对我们的方案有什么建议?还有哪些我们没有考虑到的?""您看我们该怎样向领导汇报这个方案?"这看起来是询问需求或表示尊重的问题,同时也是带有暗示性的引导问题,当客户愿意给你建议和指导的时候,也就意味着他是你的教练或者支持者了,你的成功也就代表他的成功,因为是他提的建议。

如果要了解客户的决策流程,可以这么问:"我们以前的设备采购是如何决策的,都是通过投标的形式吗?"不要直接问:"这次有哪几家单位参与竞争?"不妨这么说:"您如何看待我们与贵公司正在考虑的其他供应商之间的区别呢?"

当要摸清对方的底线,直接问对方肯定不会告知你,不妨用一个假设的问题投石问路,可进可退。例如:"如果我们同意你的要价,可以给我们的订单金额最多是多少?"或者"如果同意你们的价格,你们能接受的最短付款时间是多长?"

"目前合作的供应商令您满意的有哪些?有哪些值得改善的地方?是否对您目前的工作造成困扰?"请注意,满意的方面只是幌子,只是为了让对方说出需要改善的地方,只有当前的供应商与客户合作有缺陷、有问题,才是你获得合作的最好机会。

当然,即使用以上的提问方式获得的客户信息也有可能是虚假信息,有些信息提供者也会带有主观片面性,所以信息是需要交叉验证的，通过不同渠道交叉验证，最终获得比较正确的信息。另外信息了解有几个注意事项：能前期问的就不要后期问；能从其他渠道了解的就不要问客户；能从基层了解的就不要问高层。客户不愿意回答或不愿意直接回答的，要表明问题对客户的价值，例如你说："我了解预算的目的是想给你们匹配合适的方案，有些功能可以简化。"有的时候不妨直接提问，也可能获得意外惊喜。

30. 销售拜访如何避免一问一答的窘迫

前面我们说过，提问包含两种方式：开放式和封闭式。以5W1H开头是开放式提问，开放式提问鼓励客户说得更多，有利于销售人员搜集资讯，展开讨论；提供选择答案，引出"是"或"否"，"A"或"B"的选择，是封闭式提问，封闭式提问可以快速确认、证实信息，但封闭式提问一问一答有点像警察审犯人，有压迫感，客户感觉不舒服，而你自己也陷入下一句我问点什么的困境，因此销售拜访中要避免与客户一问一答的窘迫，最好问开放式问题，尽量让对方侃侃而谈，而你就能得到想知道的信息，了解客户的真实需求，但有的时候开放式提问同样也会陷入一问一答的窘境，请看案例：

销售人员：您准备更新的装载机主要是什么用途？
客户：主要用于矿山作业。
销售人员：从您的采矿工作面到装车的地方距离有多远？路况怎么样？

客户：一般有几百米，路况很不好。

销售人员：装载机一天大概需要连续工作多长时间？

客户：十一个小时。

销售人员：哦，这样啊，那设备使用过程中遇到过什么麻烦和问题？

客户：主要是经常水温和油温过高。

销售人员（再说些什么呢？卡壳，沉默，拼命想问些什么？开始推销吧！）

因此，在与客户沟通中要避免这样的情况出现，要让对方侃侃而谈，从而了解更多的客户资讯，可以在一个开放式问题后面加一句过渡的话："你的意思是说……""比如说……""然后呢？""你指的是……"

销售人员：您准备更新的装载机主要是什么用途？

客户：主要用于矿山作业。

销售人员：你指的是矿石还是矿砂？

客户：大部分是矿石，约占70%，其余都是矿砂。

销售人员：采矿地点到装车的地方距离有多远？路况怎么样？

客户：一般有几百米，路况很不好。

销售人员：路况不好具体指的是什么？

客户：路面坑坑洼洼，一下雨就很泥泞，而且还有陡坡，对设备的损耗相当大，一般3年就要换新的……

销售人员：装载机一天大概需要连续工作多长时间？

客户：11个小时。

销售人员：你的意思是说……

客户： 是的，从早上 8 点开始，11 个小时，中间偶尔歇歇，一年按照 10 个月的作业时间来计算就是 3000 多个小时。装载机在这里就是易耗品，现在我们矿山有十台工程机械，每三年就要置换，也是不小的投资。

销售人员： 哦，这样啊，那设备使用过程中遇到过什么麻烦和问题？

客户： 主要是经常水温和油温过高。

销售人员： 还有呢？

客户： 变速箱、后桥都经常出现故障。常常因为这些而耽误生产，尤其在生产旺季，很愁人。

销售人员： 所以对我们来说一款马力大、质量稳定、皮实的装载机不但能提高工作效率，也能省去很多烦心事……

你看，使用过渡的话效果是不一样的，要注意的是：过渡的话要延长最后一个字的发音，以提问题的音调，目的是启发对方接话和回应。使用过渡的话后必须保持沉默，这样可以让对方多说。另外，恰当地使用你的肢体语言，例如：手托下巴，眼神鼓励对方说得更多，这样也就避免了与客户一问一答的窘迫，使沟通更有效地进行。

31. 会听才会卖，有效倾听六大技巧

当客户说："华为是你们的客户吗？"一个好的销售人员立刻会有所反应："领导您对华为感兴趣吗？"销售会谈中，倾听就是集中精力专心致志听清楚客户的每一句话，领会其背后隐含的意

思，倾听技巧就是让对方说得更多，这样你就可以获得信息，挖掘和引导客户的需求，同时也体现对客户的尊重，增加对方的好感度。一个成功的销售访谈，销售人员有70%～80%的时间应该是在听，其余才是问和说。会听才会卖，下面是有效倾听六大技巧：

（1）耐心倾听，不预设答案。销售人员倾听时要有空杯心态，提出一个好问题，抑制说话的冲动，不预设答案。有时候新的销售人员反而比老销售人员心态更好，有经验的销售人员阅人无数，对同类企业存在的问题和需求比较了解，可能会有先入为主的看法，导致无法真正地倾听。

一家企业要采购全套工业自动化控制设备，该企业销售代表很有信心，虽然他的系统贵5%却能为客户带来更多的效益。然而，让他意想不到的是，最终拿到这笔订单的不是他。数月后，当这位销售代表有机会再与客户见面的时候，对方告诉他："没有把订单给你，因为你的竞争对手能做到6周内设备全部到位，而你需要12周的时间。虽然当时我们更看好你的产品，但是发货时间对我们来说是最重要的。""什么？"销售代表几乎跳了起来，"如果我知道发货时间对你们那么重要，5周内我的设备就能全部到位！我当时说12周是因为我估计你们做好安装准备至少还需要那么长时间！"

（2）用积极的肢体语言回应。比如倾斜着身子，面向客户仔细听；对客户的表述做出适当的反应：眼神交流、点头、微笑……据研究，人与人的沟通7%通过口头语言，38%通过语音语调，55%通过肢体语言，肢体语言在人与人的沟通中有很大的影响力。假如领导找你谈话，为了表示对领导的尊重，一般是站着的，就是坐的话也是向前倾身坐着。

（3）**用鼓励性语言回应**。销售人员用鼓励性语言回应："有道理！我理解！"为显示兴趣和热情你可以说："后来怎么样了？"这是沟通的经典话语，翻来覆去讲，就是鼓励对方讲得更多。不但与客户沟通有用，就是跟同事、家人沟通也有效，你老婆无论说什么你都说有道理，老婆遇到不开心的事情，你就说："我能理解。"同事告诉你一个八卦，你为表示感兴趣，说："后来怎么样了？"

（4）**摘要复述客户的讲话**。适时重复对方的话，确认复述准确，表示完全了解和尊重对方，"张总，您刚才的意思是不是……""能不能说慢点，我可以记下来……"显示你在非常认真地听对方说话，对方也更愿意跟你沟通和交流。

（5）**适当做笔记**。好记性不如烂笔头，记录可以保证沟通中所获得信息的准确性，也能够体现出你认真负责的态度，鼓励客户说得更多。华为要求他们的销售人员在客户说话的时候做记录，重要的事情一定要记，不重要的事情也要做记录。再次提醒一下，笔记本一定要大。

（6）**抑制开口的冲动**。沉默是金，抑制开口的冲动，在开口前默念数字，从1数到8再开口。

10年前我刚刚进入培训咨询行业的时候，有一次跟随我的老板去某家国企谈一个单子，据我们事先了解，这家企业已经处于行业内的龙头老大地位。与对方销售总经理见面寒暄入座以后，我的老板第一个问题是："贵公司是什么原因想起找到我们公司的呢？"客户回答："想要提高销售人员的专业销售能力。"我的老板没有接话，而是用肢体语言回应：用手托着下巴，真诚地看着对方，表示他在认真地倾听，客户也许觉得没说清楚，继续说:"目前的客户数量和规模不足以满足公司的增长目标,因此,我们希望销售人员在开发新客户方面更加有效。"我发现我的老板还是没有接话,仍然是认真倾听的神态,客户有点疑惑,一脸懵懂地望着我的老板,那意思是说难道说得还不清楚吗?我心里暗暗着急,怎么回事啊?是不是没听明白!最后客户没忍住,继续说道:"现在我们公司最大的问题是市场供大于求,面临竞争对手的低价竞争,老客户流失率达到20%,请贵公司来是想请你们帮助我们做个培训解决方案,其实我们还真不知道该怎么办。"等客户把问题全部抛出后,我的老板才面带微笑地说了句"好。"

这次访谈,让我受益匪浅,我的老板用"沉默"这个倾听技巧获得了这么多有用的客户信息,真的是沉默是金啊!其实,沉默会促使客户深入地思考,当然沉默中你还需要用肢体语言和对方互动,表示你希望他说得更多,客户不想说话的时候,你也可以补充提问:"您说的是……这个意思吗?我希望更多地了解……"

32. 如何有技巧地回答客户提问

前面我们说过,成功的销售访谈,买方说得多,卖方问得多,谁提问谁就掌握了主动权,提问和倾听在客户沟通中占据十分重要的位置,但当客户向你提问,必须回答的时候你怎么回答?

(1) 如果你知道,就如实回答,不过最后不要忘记以问题结束，重新掌握提问的主动权。"您觉得怎样？您还有什么不清楚的吗？"有的客户上来就说："说说你们的产品。"你也可以这么说："我们的CRM软件是一项比较复杂的管理工具，通过制定针对性的方案来解决企业管理问题，产品是方案的一个组成部分，而针对性的方案需要我们共同坐下来对企业的问题和需求进行认真的研究，我们先讨论一下需求可以吗？"另外，如果对方问了一个封闭式问题，例如："贵公司是否具备ISO9000认证？"如果你只是简单回答有，接下来对方就会问第二个问题，不妨采用一问一答的方式，"是的，我们具备ISO9000认证，同时，根据我们的经验，如果要进入欧洲市场，还需要××专业认证。"如果对方对此话题感兴趣，可以进行沟通讨论。

（2）**一下子不知道如何回答，可以用自己的话来复述客户的问题**。例如："如果我理解没错的话，您说的是……这个意思吗？"如果客户觉得你复述的就是他的原意，他对你的满意度会提高，因为他觉得你理解他；如果客户觉得你复述的不是他的原意，他会主动再说一遍或者你也可以请求他再复述一遍问题，无论如何这都会为你赢得思考的时间，重新组织你的语言。

（3）**如果自己不懂，最好不要装懂，诚实比华而不实给客户的感觉好得多**。可以老老实实地说自己在这方面不是很了解，但是可以回去问公司里面专业的同事，再给他答复。经验告诉我们，客户大都能感受到回答是否真诚。对其问题的敷衍回答，会使客户对我们产生不信任感，在多数情况下，承认不懂比不懂装懂稳妥得多。

（4）**善用反问，你要理解对方问题的意图，也就是客户问这个问题的原因或者他们想知道什么样的结果**。如果对方问的是"烟幕弹"问题，你对问题的回答可能将使你处于一种被动的处境。例如，对方先问你在某个行业有没有成功案例？某公司是不是你们的客户？如果你说："是的，行业很熟悉，和某公司合作很久。"对方如果恰恰忌讳使用竞争对手的供应商，这就是一个"烟幕弹"问题。这时最好了解对方真实意图："您对这个问题这么关注，有什么特殊原因吗？"如果客户解释不出来，说明他没有考虑好甚至有陷阱，你不用回答；如果他能够解释得很清楚，实际上会为我们提供很多解答问题的线索。问清楚原因和他们希望的结果可以保证我们不会答非所问，同时问客户为什么关注这个问题，也是对客户一种心理上的震慑，让他们不会随便问一些问题，从而让我们占据心理上的优势。例如客户问："你们公司在家具行业有什么经验？"小王回答："这是个很好的问题。您问这个问题的原因是什么？"客户说："我们是一家独特的家具公司，主要做明清古董家具，我们希望广告能突出这种独特性。"接下来小王的陈述是否更有针对性呢？

（5）把客户的问题重复一遍。当一名潜在客户向你咨询有关产品型号、服务条款、价格及付款方式等问题，例如："650B装载机这个型号还有货吗？""将两年3000小时保修期延长至三年4000小时，行不行？""可不可以分期付款？"可能是客户选择供应商的一般询问，但也有可能是客户购买产品的信号。一般销售人员会回答"有"或者"没有"，"行"或者"不行"，"可以"或者"不可以"，这种回答要么降低成交率，要么错过成交机会，这当然是我们不想看到的结果。如果你试着以提问的方式重复客户的询问，可能会有意想不到的结果。

客户：650B装载机这个型号还有没有货？
销售人员：您想购买一台650B装载机吗？
客户：是的。
客户：将两年3000小时保修期延长至三年4000小时，行不行?

销售人员：那么您的意见是：需要将两年 3000 小时保修期延长至三年 4000 小时，我的理解没错吧？

客户：没错。

当你以这样的方式回应客户时，客户的肯定回答让其确认他想购买的正是你能提供的产品或者服务，至少也是给你一个承诺，将销售往前推进了一步。接下来销售人员的工作就顺理成章了："这个型号的装载机最近卖得特别好，如果您现在下单能够保证下周内提货，今天周末，下订单您还可以额外获得 2 万元的大礼包。"如果没有办法满足客户的需求，也最好不要说"不"，还是可以用问题来回应客户。例如："请问装载机在哪里使用？工况条件如何？"挖掘客户需求背后的深层原因，寻求改变客户采购标准的机会，例如："您说的这个型号已经升级了，根据您的工况条件我向您推荐一款 650B 装载机的升级版 660C，它采用了最新型的康明斯发动机，性价比更高……"

33. 与客户沟通如何让对方感觉舒服

与客户沟通，让对方感觉舒服很重要，毕竟购买要通过活生生的人来实现。因此，当你与客户有不同看法时，不要与客户争辩，你是为了拿订单不是为了与客户辩论对错的。即使客户最后认为你说的话有道理，让客户不舒服就是不买你的产品又能怎样？不同意但要委婉地表达自己的观点，可以这么说："**您说的话有道理，我再补充一下。**""**对于这个问题我是这么理解的。**"

"我还真的没从这个角度考虑过这件事。"这是一个间接恭维对方同时又不露声色的说法,既称赞对方的观点独特,也可以提出自己的观点。

"我个人以为……",当客户抱怨送货不及时,你可以这么说:"我个人也认为服务真的很重要,回头我去和售后部门协调一下,还有张经理,最近公司订单确实有点忙,能否提早给我生产计划,这样也可以提早准备,优先安排给你们出货。"这么说是把自己从买卖双方的博弈中抽离出来,站在中立的角度,双方就没这么敌对了,同时也可以说出自己的观点。

当对客户的观点表示赞同或者表示肯定的回答时适当重复,把"好的""是的"说两遍,**"好的好的""是的是的"**。客户说:"下周一要把贵公司的企业相关材料、产品的技术参数还有报价提供给我们审计部。""好的好的。""这样的重点项目,系统的稳定性是我们考虑的重要因素。""是的是的。"你有没有发现,两个字比一个字更能表现你斩钉截铁的语气和节奏。想一想,如果你女朋友在微信上让你去办一件事情,你是用"好"还是用"好、好",前者是不是会让你女朋友觉得你在敷衍她?至少后者你的态度是积极的。如果你的领导在微信上问在不在?你回答"在"或者"在、在",对方的感受是否有所不同?

"我记得上回您说过……""我记得您在某某高峰论坛上曾经谈到……"可以是观点,也可以是某些细节,比如他聊到他的进修计划,或者他在朋友圈里发的一次很开心的旅行经历,客户的感受是什么?被关注,被重视,你在非常仔细地听他说话。有时候客户一脸茫然:"我这样说过吗?"其实当时只是重复客户的观点,即使这样,对方仍然会比较高兴。你也可以当场用自己的话来复述客户的观点,例如:**"如果我理解的没错,您说的是……这个意思吗?"**如果客户觉得你复述的就是他的原意,他对你的满意度会提高，因为他觉得你理解他。

"如果我是你的话"，这样的说法是换位思考，把自己放在客户的角度，客户会觉得你在设身处地为他着想，感觉会比较好。销售人员问："今天准备付定金吗？"客户回答："我再比较一下。"销售人员说："买车不是件小事，慎重些没错，我可以问您一个问题吗？您在考虑什么？"客户回答："我有点拿不定主意，是买柴油版还是汽油版，毕竟柴油版要贵几万元。"销售人员说："如果我是你的话（提出自己的建议）……"饭店点菜的时候，服务员说："这些菜应该差不多了，多了也是浪费，不够再要。"是不是感觉很亲切？"今天是我碰到了，换成你的话，你又会咋样？"这句话是不是感觉不太友好？

"能否向您请教一个问题？"每个人骨子里都有好为人师的情结，当你向人请教，等于给他搭建了一个舞台，聚光灯打在他身上的感觉很好，当然也让他对你产生好感。请教要针对对方的特长、专业背景和领域，例如："王总，您做实体经济很多年，现在国家对环保这么重视，对咱们企业有什么影响吗？"这就是一种请教的方式，去唤起优势话题。"我才大学毕业，刚刚工作，您有让我很羡慕的才华和经验，不知道您当时在我这个阶段，对自己的人生做了什么样的规划？"这样的问题很容易勾起他的回忆。成功人士给年轻人提出建议时，就像在跟过去的自己谈话。

"我有点紧张。"当真的碰到位高权重的客户，或者对方的工作经验、专业能力等远远超出你时，当你说出这句话的时候是示弱，把对方抬到一个高的位置，除了让他有一种自我满足的感觉以外，对方把你当成晚辈，反而对你更加宽容，原谅你的不成熟甚至小错误，安慰你不要紧张。

34. 与客户沟通应注意的语言禁忌

在与客户的日常沟通中，销售人员免不了要向客户了解需求或询问客户公司的一些基本情况，同时也需要回答客户的询问，处理得不好，你的一些冒犯的语言可能使得客户感觉不舒服，而你还浑然不知，你的订单成功率会大打折扣。虽然说大客户采购理性占上风，但人毕竟是感性的，所以在与客户的语言沟通中还需要注意些什么？

（1）"您需要什么型号？买几台？打算什么时候购买？如何支付？" 如果不加修饰直白地询问，也许会引起客户的反感："凭什么告诉你，还不打算从你这里买呢。"但如果在询问前加点柔和的语言，对方的感受就会好很多。

"不介意我问一下您对……的看法吧？"

"我能不能问一下您需要什么型号，买几台？""我很好奇，您介不介意告诉我……"

（2）当你向客户介绍产品的功能与优势的时候，不要说"你懂了吗""明白了吗"。客户听完很不舒服。在介绍完产品以后以问题结束谈话，也许这样说让人比较容易接受。

"不知道我的解释是否清楚？您还有什么问题吗？"

"有没有需要我再详细说明的地方？"

（3）"我觉得……"。有的销售人员用这个句子还很频繁，自己并没有觉察到，说明你是以自我为中心而不是从客户的角度来思考问题，并没有关注客户怎么想，其实你的想法不重要，客户是因为他自己的需求而购买，最好这么说：

"您怎么看？"
"如果我是你的话……"
"大家通常这么认为……"

（4）"您说的话很有道理，但是……"客户听的重点一定是"但是"以后的意思，知道你想表达的其实是不同的看法和意见，前面不过是你的铺垫，把"但是"换成"同时"，你试试看，是不是会好一点？

"您说的话很有道理，同时，还有一种情况……"

（5）避免口头禅。"嗯、啊、哦"，这些日常用语偶尔用一下还行，使用频率太高就让人很烦，**"我理解""明白""好的"**，这样的词汇会显得更专业，我以前的同事因为频繁用"是、是、是"，竟被客户投诉太虚伪。

（6）"说句良心话""说老实话""实话跟你说"。有没有此地无银三百两的感觉，再说，"你是什么意思？难道你以前说的都是假话，现在才跟我说良心话和老实话啊？"最好避免这样的口头禅。

（7）"放心！如果用了我们的设备，保证不会发生这类问题。"让人感觉非常不专业，你凭什么保证，这跟水果摊老板拍着胸脯说水果很甜有啥区别？以下的说法就显得很专业："您提到的这个问题其他企业也存在,除了设备本身的可靠性以外,还与生产线操作人员的水平、平时定期维护是否到位以及是否按照标准的操作流程运行设备有关系。"

(8) **注意不要与客户讨论宗教和政治话题。**一是因为问题的敏感性;二是因为这些话题所触及的是一个人的核心价值观,万一你们所持的观点相悖,所谓话不投机半句多,客户必定不会给你好脸色看。而就行业内的某些话题展开讨论,或者引申到最近发生的对行业趋势有影响的事件是不错的选择,引起客户反感的可能性较低。

——大客户销售这样说这样做

五
呈现方案

35. 呈现产品价值的 FAB 法则怎么说

一天,齐白石在路上遇见一个卖虾的小贩,问他:"这一筐虾卖多少钱?"小贩回答说 50 元,齐白石又问:"我用我这幅画的虾,换你一筐虾,干不干?"小贩急了,气愤地说:"你这老头脑子有病吧,要拿你的假虾换我的真虾!"到底是谁有病呢?有人说是卖虾的小贩有病,这么好的买卖放弃不做,但从营销的角度来看,应该是齐白石有病,他没有向小贩显示出画的价值,对于一个不了解产品价值的客户,任何报价都是高的。

做销售的人有时候觉得做采购的人真的很蠢,就像那个卖虾的小贩,我们明明知道某一个产品很好,功能、质量都是拔尖的,价格也不贵,可客户却死活不选。一开始,还以为是有人搞定了客户的采购,后来发现根本没有,就是客户专业水平太差缺乏辨别能力。但这能怪客户吗?只能怪销售人员自己没有显示产品的价值,那么如何呈现产品的价值呢?

呈现产品的价值有四个步骤,分别是:呈现 FAB、量化价值、证实价值和讲故事。

(1) 呈现价值。 呈现产品价值我们采用 FAB 法则:

1) Feature 特征:指产品的特点和属性。例如:我们的智能手机采用什么样的 CPU,是双核还是四核,内存多大?特征是用来回答"它是什么"。

2) Advantage 优势:指产品的优势如何帮助客户。例如:因为采用了四核的 CPU 和 1GB 的内存,所以智能手机运行更流畅,不死机，不发烫，优势是用来回答"它能做什么"。

3) Benefit 利益：指给客户带来的好处。例如：因为采用了四核的 CPU 和 1GB 的内存，所以智能手机运行更流畅，不死机，对你而言打游戏更加舒服，抢红包更快。利益是用来告诉你"它可以解决什么"。

对客户而言，最关心的一定是得到的利益，第二是优势，最后才是特征，除非对方是技术专家。好的广告不会纠结于产品的特征，而是直击客户想要的结果——带来什么好处？解决什么问题？

有一个广告大家印象深刻，叫作《今天做人流，明天就上班》，直击目标用户想要的结果，明天就上班！人流是心病，怕就怕拖拖拉拉，怕耽误工作。如果换一种说法，《最高超德国人流技术》，只讲特征，效果就差太多。

我们可以采用完整的 FAB 法则呈现产品价值，例如："因为采用定轴式变速器和大齿轮驱动桥设计，所以设备承受的扭矩更大，比传统的行星式变速箱和驱动桥使用寿命提高 30%，对您而言每台装载机增加营运收入××万元，我们最近一个客户和咱们公司的工况条件非常相似，最后他们选择了××型号，我们可以一起去看一下。"

(2) 量化利益。B2B 销售模式中大部分的产品利益是可以用数字量化的，利润增加、成本下降，数字对客户的说服力大。例如："您曾经提到能源成本居高不下，导致产品缺乏竞争力。因为直流变频压缩机可根据实际空调开启的数量，在 5% ~ 100% 之间变频调节，所以比其他非变频压缩机省电 30% 左右，对您而言，每年能节省资金××万元。这是权威机构出具的检测报告，请过目。"

(3) 证实利益。你说产品质量稳定，平均无故障时间 8000

小时，谁能证明？防抱死制动系统 ABS 能使行车安全系数提高 20%，有数据支持吗？销售人员如何运用具有说服力的证据来证明产品服务的优势和利益？我们主要有六个方法消除客户对产品的顾虑，分别是产品演示、样板客户、参观工厂、产品试用、检测报告、社交媒体。

产品演示：李总，说了这么多都不如您亲自驾驶感受一下。

样板客户：我们最近一个客户和咱们公司的工况条件非常相似，最后他们选择了××型号，要不我们一起去看一下……

权威推荐：这是权威机构关于最近三年同类产品市场份额的统计分析报告，这款产品排行第一……

（4）讲故事。你可以呈现产品的优势利益，但是在产品同质化日益严重的今天，你很难向客户提供差异化的价值。人们不喜欢被说教，人们喜欢听故事，故事容易被人理解，以故事来呈现你的价值主张不但生动有说服力，而且与众不同，因为故事很难被模仿，完全一样的故事也是不存在的。

36. 介绍产品易犯的六个错误

在 B2B 销售模式和大客户销售中，有些企业采用的是解决方案式销售模式，但大部分的耐用消费品和部分 B2B 销售模式还是采用产品销售的模式。很显然，方案式销售模式过程更复杂，对销售人员的要求更高（这部分内容我们后面会详述），但并不是说产品销售的模式大家都掌握得很好了，以下是一个 4S 店销售人员向客户介绍产品的过程：

"先生您好，2016全新一代别克君越，2.0TSIDI智能直喷涡轮增压发动机，6速DSS智能启停变速箱，全LED大灯，电子排挡，全景天窗，液晶仪表盘，HUD抬头显示，12向电动调节真皮+麂皮双料人体工程学座椅，前后排座椅加热、通风、按摩，BOSE Centerpoint 11喇叭音响，ANC主动降噪，ACC自适应巡航、行人识别/保护，APA自动泊车系统，3区自动空调，蓝牙链接，Auxin，4个USB，4G Wifi热点，19寸铝合金轮圈，普利司通泰然者轮胎。"

看客户没什么反应，销售人员最后又补充说道："本月厂家搞促销，原来提供的两年保修自动升级至三年，我们4S店再送给你两次免费保养、脚踏地毯、香水、座套……机会很难得啊！"

很显然，这个销售人员上岗前一定是被培训过的，不过相信有的客户听完这个介绍后一头雾水，也有的客户对产品了解得比销售人员还多，他们是有备而来，觉得你话多，很烦人，最终效果不太好。那么销售人员在介绍产品时经常会犯哪些错误呢？

（1）不能匹配客户的需求。销售人员没有提问和倾听，也不了解客户的真正需求，只是将产品的所有特点、优势像小学生背书般的向客户介绍一遍。客户不会理解那些他们不明白的特性，"2.0TSIDI智能直喷涡轮增压发动机，6速DSS智能启停变速箱"是什么东西？也不会重视那些与他们实际需求无关的利益，假如销售人员个人偏爱的产品特性不符合客户的需求，不要喋喋不休地谈论这些特性。

大客户采购参与决策人多，决策过程复杂，使用者关心产品功能、服务；技术部门关心产品参数；采购人员关心价格。基层关注操作；中层关注业绩；高层关注结果和未来发展：效率提高、收入大幅度增长、销售量增加、市场份额扩大。更何况还有个人的诉求，这些才是最终决定选哪家产品的主要因素。

（2）痴迷于自己的产品特征。我们的销售人员有时痴迷于自己的产品特征，例如：我们采用的是 VRV 变冷媒流量空调系统，我们的空调是二级能效或者我们用的是第 5 代智能英特尔酷睿 CPU，256GB 固态硬盘等。这些跟客户有什么关系，能给客户带来什么价值，客户说："我知道你的产品很高端，我也知道你技术水平很高，但是请不要用那么多专业术语，说点人话好不好？"

只关心产品特征的是那些有很强技术背景的人，但你总是要假定客户不太专业，所以完整地介绍产品的特征、优势和利益是一个比较安全的选择。对大部分客户而言你要重点强调利益——你能解决客户的什么问题？带来什么好处？效率提高了多少？降低成本能够省多少钱？安全系数提高了多少？能解决什么麻烦？

（3）介绍过多的产品优势和利益。你的客户可能有五六个需求，但所有的需求并不是同等重要的。介绍过多的产品优势和利益容易使客户感觉混乱，反而把他们搞糊涂了，不知道自己的需求重点是什么。因为客户一般不会记住超过三个产品的优势和利益，所以应该向客户介绍不超过三个重要的且能满足客户需求的优势和利益。另外，不要主动提及你和客户从没有讨论过的需求和利益点，言多必失。

客户：嗯，对我们的矿山作业会帮助很大，也加快了作业的便捷性。

销售人员：这样的装载机您满意吗？

客户：感觉还可以，什么价位？

销售人员：另外，这款装载机采用的是 ZF 变速箱，技术成熟，使用寿命更长。

客户：等等，我 3 年前买的也是这种变速箱，油耗非常高啊！

销售人员：……

（4）**不注重利益的量化**。产品性能所带来的好处越明显越具体，购买者越有可能选择你的产品而不是竞争对手的产品。举例来说，笔者曾经服务的公司是一家隔墙系统的制造商，而支撑系统轻钢结构的防腐处理是我们产品的卖点。"轻钢构件采用优质连续热镀锌钢带（镀锌厚度130克，超过80克国家标准），能有效抗腐防锈10年以上，无须维护，节约客户成本。"注意："能有效抗腐防锈10年以上"，使产品性能所带来的优势具体且量化。

价值和利益可以用库存、资金、人力、资产、能力、时间来衡量，B2B销售模式中大部分的利益是可以用数字量化的，数字对客户的说服力大，但最理想的方法还是将其全部转化为利润增加，成本下降。B2B销售模式也有无法用数字衡量的，例如：让你快乐让你更舒服和LV限量版包的利益就很难用数字衡量；美味佳肴的价值也很难用数字衡量。当然，客户可能不认同你的说法，对数字表示怀疑，那好，如果客户愿意和你讨论价值而不是价格，你其实就成功了一半，不是吗？

（5）**单单强调产品的"特征、优势、利益"**。大部分销售人员只重视产品的"特征、优势、利益"，忽略了其他，如品牌、公司规模、核心竞争力、厂家的质量保证书、安装维修、使用培训等带来的利益。还有厂家提供赊账支付、现金付款折扣、数量折扣等，都是可以强调的客户利益。有些客户对厂家提供信用支持的关心程度大大超过产品本身带来的利益，如设备总包商最关心的可能是价格、利润和付款条件等，而不是产品本身。最后还有一点，销售人员的经验和专业度也是可以向客户强调的价值。

（6）**忽略与竞争对手特性的差别**。如今同类产品越来越相似,产品之间的差异性很小,我们必须知道怎么使最小的差别发挥出最大的作用。针对客户关心的问题,除了着重介绍产品的特点和优势,还要强调公司实力、商务条件,如果它们恰恰是相对于竞争对手的优势所在,同时又能最大限度地满足客户的需求,那你离成功就不远了。B2B销售模式中,说服或影响客户以你的公司品牌、产品特点、技术标准和商务条件作为采购标准或写入招标文件中,是阻截竞争对手最有力的武器。

37. 介绍产品如何以情动人,打动客户

要说服客户购买,销售人员一般会向客户提供两种类型的理由:以理服人(产品功能、优势和带来的利益)、以情动人(人与人之间的感性互动)。以理服人就是FABE,主要介绍销售人员如何通过以情动人打动客户,促使客户产生购买的欲望。以情动人主要有以下三种方法:

(1)销售人员要善于讲故事。你可以呈现产品的优势、利益,但是在产品同质化日益严重的今天,你很难向客户提供差异化的价值,以故事来呈现你的价值主张生动有说服力,因为故事很难被模仿。另外,如果你卖的只是一个冷冰冰的商品,那么你只能得到产品本身的价值,如果你卖的是故事和情感,你将得到远远超出产品本身的价值。

对于史密斯热水器,一个美国大妈讲了一个故事:"用了52年的使用奇迹!我家的热水器是父亲在五十多年前买的,过了半个世纪我还在用它。"史密斯热水器在中国销售是很成功的,一

个外资品牌做到销售额第一且利润超过国内同行,故事的作用功不可没。还有另一家意大利企业,其实做热水器的历史比史密斯热水器还早6年,但在中国的销售却不太成功。其实热水器是成熟产品,同质化很严重,真正的产品质量大家都差不多,但是史密斯热水器的故事讲得好,更有说服力,客户更愿意接受。

在实际销售沟通中,销售人员要善于讲成功的案例,你的产品是如何帮助客户提高效率、降低成本、减少麻烦的,不过最好是同类型或同行业的企业、行业内知名度高的明星企业或者客户比较熟悉的企业。以前说服经销商代理产品我经常用这一招,说:"某地区的老王你是认识的,5年前他在建材市场只有一个很小的档口,骑着自行车到处送货。自从代理了我们的产品,不但门面扩大了5倍,生意也翻了几番,现在鸟枪换炮都开上宝马了!"这比干巴巴地说和我们合作能挣钱有效也有意思多了。

人都是趋利避害的,除了喜感的故事外,有时候也要对客户讲点恐怖故事,讲使用不好的产品带来的麻烦和痛苦。例如:某企业因为只看最低价招标,结果两年内购买的设备大修了三次,到第三年只能把设备报废重新购买,导致企业直接经济损失一千多万元,采购经理也被公司炒了鱿鱼。喜感的故事给人带来快乐,恐怖的故事则加大痛苦,比较而言,痛苦比快乐更容易让人做决定。

(2)介绍产品有画面感。

当你向一个心仪的女孩求婚的时候,你这样说:"我想永远和你在一起。"也可以这样说:"我希望有一天我们都70岁了,仍然能手牵手走在沙滩上。"哪一句更有画面感?哪一句更能打动对方?当然是后一句了!

充满画面感的语言可以让消费者在购买你的产品之前，在其大脑中想象使用你的产品，这种间接体验带来的愉悦感和你真实体验产品带来的感受是一样的。如果你想让消费者在购买你的产品之前就在大脑中享受你的产品带来的体验和感受，你就需要用具体形象、视觉化的语言来向消费者传达你的产品为他们带来的好处。

楼房销售员向顾客描述某个海边别墅："看那一望无边的大海，让人心情多么舒畅。你可以听到海浪冲击的声音，还有海鸥的叫声，你可以呼吸到清新的空气。附近就有海鲜市场，你可以去逛那里，购买生猛的螃蟹制作美食。你可以在海上划着小船，拿着船桨，那木头十分光滑，手握起来非常舒服，让你觉得充满活力！"

在销售过程中，销售人员如果善于利用语言技巧，为客户构造出一幅幸福、美满的画面，就能够有效地刺激客户的购买欲望。画面越有吸引力，越能打动客户，激起客户对这幅美丽画卷的向往，从而接受你的产品，产生购买行为。我们可以这样对客户说："设想一下，一旦CRM项目能够顺利上线，那所有的销售数据都能自动形成，对业务管理部门是多大的帮助啊！好轻松啊，终于能每天准时下班和男朋友逛街看电影了！"

同样，恐怖的画面感有时候也能起到同样的作用。

4S店的维修人员想让我花六百多元把汽车的传动皮带全部换成新的，他是这样对我说的："有一天你开车从上海去外地出差，不巧皮带断了，车在路上抛锚，那天下着很大的雨，还飘着雪花，你又冷又饿，等着拖车来，一个小时后拖车终于到了，高速公路上拖个车起码八千元，维修再花几千元，1万多元就没了。"

（3）产品演示中的仪式感。记得马未都在他的节目里提到过：拿瓷器不能戴手套，戴手套容易失手摔坏瓷器，鉴宝戴手套是装腔作势，什么都不懂的人才那么做。但对大部分观众来说，一定会对这样的仪式感心存敬意，同时也对鉴宝物品的价值产生认同感。当你一边在夸奖自己产品多么棒，一边漫不经心地摆动商品，其实在向客户传达产品低价值的信息，肢体语言告诉别人：这个产品其实没有你说的那么好。

恭恭敬敬地对待自己的产品会增加商品的价值，假如你的产品价值百万，你是否会对它另眼相看？当销售人员把钻石从精致的丝绒包装盒里小心翼翼地取出并双手奉上，客户是不是也会毫不犹豫地认同其价值呢？哪怕是销售工业设备，当打开遮盖布，看到一尘不染的机器外表，再加上产品演示人员得体的仪表，给客户是什么感觉呢？产品演示中的仪式感客户一定会感受到，花时间去创造个性化的产品演示，让客户知道你是多么珍惜你的产品，拥有它是多么激动。永远对自己销售的产品抱有一种虔诚和恭敬的态度，还怕卖不出高价吗？

高度同质化的商品市场中，销售是通过销售人员的努力来为产品提供高附加值的过程，除了传递产品本身的价值，提供解决方案以外，其中很重要的是销售人员对客户的情绪、心理需求有呼应，让客户的心理需求得到满足。当然大客户采购一般都是理性的，企业有采购标准，但是，任何采购都是通过人来实现的，而人不可能是完全理性的，判断中一定有感性的成分，而感性中很大一部分是对销售人员的感觉，客户总是倾向于从感觉不错的人或者能感性地介绍产品并打动客户的人手中购买商品。

38. 产品演示的注意事项

心理研究表明，人们所接收的外部信息中，有87%是通过他们的眼睛接收的，只有13%的信息是通过其他感官接收的。这就是说销售人员应该使产品介绍最大限度的可视化，眼见为实，这比口头的销售陈述更有助于使客户相信，才能真正打动客户的心，直接刺激顾客的购买欲望。产品演示就是一种可视化的呈现产品优势的方法，一个成功的产品演示需要注意以下几个方面：

（1）确保产品演示成功。如果还做不到这一点干脆放弃，一个失败的演示对你的销售将是灾难性的，为了确保产品演示成功，你需要：

1）非常熟悉你的产品；

2）有固定的演示流程，可以将之作为产品演示的基本框架，再根据不同客户的需求进行修改，也可以加入即兴表演；

3）不断练习，保证你的产品演示成功。

（2）产品的优势和利益是产品演示的重点。确保产品的优势和利益与客户需求之间的精确匹配应该成为产品演示的重点，如果你不停地用客户不需要的特性来烦他们，那是在考验他们的耐性，千万不要忘记产品演示的目的是为了向客户证明你产品的优势，而这个优势和利益也恰恰是客户所需要的。

（3）让客户参与到你的演示中。买车的人都有这样的体会，当销售人员觉得你有购车的意向，一定会鼓励你参加试乘试驾，当你体验了一把驾驶的乐趣以后，仿佛你已是车的主人，就再也割舍不了从而产生购买的冲动。

一个成功的产品演示最好让客户参与演示，通过让潜在客户参与，你会抓住客户的注意力，减少客户对购买的不确定性和抵触情绪，同时他们参与越多，越容易决策。

所以在演示开始前请对方帮忙安装投影仪或搬动写字板等，向客户要求一杯水或者准备咖啡，这会拉近双方的心理距离；在演示中让客户做一些简单的演示动作，例如：按下开关、拉动操纵杆等，但要避免出现失误，同时通过提问，从客户那里获得对演示的正面反馈，"操作真的很容易，是吗？"客户表示认同，也就认同了产品的价值，这会大大增加成交的概率。

（4）产品演示必须是互动的。你的客户需要感受对产品演示进程的控制，你不能死板地按照演示流程来操作，直到结束才允许提问。在整个过程中你需要与客户互动，有问必答，有时候推迟回答某个问题会更好，尤其当答案是某个你还没有介绍到的特性或优势。当然你也许不能回答每个问题，你可以与客户约定时间，告诉他你将会在何时以书面形式回答这些问题，然后遵守承诺。

（5）戏剧化的效果增加销售机会。

日本一家铸砂厂的推销员为了和一家铸铁厂建立供货关系，费尽周折才争取到五分钟的见面时间。和科长见面之后，这位推销员并没有侃侃而谈，而是从包里取出一包砂突然倾倒在纸上，顿时室内尘土飞扬，几乎令人窒息。"你在干什么？"对方大吼起来，这时，推销员才不慌不忙地说："这是从贵公司采用的砂中取来的样品。"说着，他又取出另一包砂倒在纸上，这次却不见丝毫尘土。科长十分惊讶，通过比较，他发现推销的产品在性能、硬度和外观上都要优越得多，于是，他认真地同推销员谈起了业务。

（6）演示出现意外怎么办。 产品演示前要进行反复练习，现场演示出现意外要向客户道歉并及时采取补救措施，找出问题原因并以书面形式告知客户，将对公司造成的恶劣影响和客户流失的风险降到最低。

几年前我在一家美国化学公司工作时，在一次为我们的全国经销商举办的新产品发布会上，出现了意想不到的情况。这次发布会上总公司的研发工程师介绍一种新的工业黏结剂，它可以在几分钟内将任何物质牢牢地粘接在一起。在演示前我们练习了多次都没问题，可是却偏偏在正式的会议上失败了，顿时全场哗然。

当时任何解释都是徒劳，我们向客户道歉，并保证三天之内以书面形式做出解释。回到办公室我们又进行了试验，却又毫无问题。我们百思不得其解，最后又去了发布会现场，发现演示位置正对着空调的出风口，是冷风延迟了化学反应，本来3分钟可以完成的化学反应延迟更久了。

我们在规定时间内向每个与会者书面解释了产品演示失败的原因，并发动所有的销售人员在客户现场再次做了产品演示，好在都是长期合作的经销商，总算没有造成坏的影响。

39. 销售演讲的注意事项

1998年，电信客户综合管理系统邀请Oracle、Informix和Sybase 介绍各自的数据库产品。此前，客户没有使用过大型数据库，这次不仅要介绍产品，还要结合客户的实际情况提出建议，是一次十分重要的技术交流活动。Oracle 的介绍被安排在最后一家。其他两家公司介绍结束后，Oracle 的销售总监走进了客户会议室，两个小时过去了，她的介绍结束时，客户们纷纷起立，爆发出一阵阵掌声，当场决定使用 Oracle 的数据库。

将客户与演讲者关在一起两个小时，客户走出办公室的时候，当场就决定采购，这就是销售演讲的最高境界。

销售陈述一般可以在以下两种场合中进行：针对单个客户或者针对团体客户，如：产品介绍会或研讨会。一个成功的针对团体客户的销售演讲需要注意以下几个方面：

最好给陈述内容写一个提纲，根据重要性进行排序，依次是：

客户的问题和需求：

1）客户现状和问题；

2）问题带来的影响；

3）客户需求和采购标准分析。

我们公司能解决的事：

1）我们的产品如何满足客户需求；

2）效率和成本分析。

我们凭什么能解决？

1）成功案例和权威推荐；

2）产品质量服务和管理保证体系；

3）企业荣誉、公司规模、历史。

要根据会议的时间长短对演讲内容做出合理的安排，确保最重要的内容得到充分的阐述，客户的问题和需求以及我们如何满足客户的需求是重点，其他不重要的内容一笔带过，而现实中许多演讲往往是企业荣誉、公司规模、公司发展历史变成了陈述的重点，这就有点本末倒置，不管你的公司和产品有多棒，客户不会因此而买单，只会为自己的需求而购买。

另外在给团体客户销售陈述前，一定要自己先预演，甚至多次预演，如果没有认真地预演，很容易在实际演讲时出现"卡壳"的现象，充分的准备是销售演讲成功的关键。

（1）销售演讲前需要注意的事项：

1）知道每个参加会议的人的姓名和头衔；

2）拜见或者至少致电参加会议的每一个人；

3）知道每个参加会议的人的角色与职能分工；

4）谁是决策的关键人？如何称呼？他希望听到什么？可能会问些什么问题？能全程参加吗？

5）知道参加会议的人中谁反对我们，谁支持我们，谁对我们有好感。

（2）根据与会者角色不同，对陈述内容进行安排。 一般来说，企业高层更关心的是产品能够带来的利益：效率提高、收入大幅度增长、销售量增加、市场份额扩大、成本降低等。那么你应该在利益上做足文章，突出带来的收益，有明确的数字和百分比，如提高收入或降低成本百分之多少等。而技术人员对产品的特性、标准和解决方案的优势感兴趣，如果你的关键人拥有技术背景，不妨对这些问题作更详细的叙述。另外直接用户需要了解解决方案具备哪些功能，如何为他们简单而有效率地工作。原则是影响力越低的人，你在其感兴趣的话题上花的时间越少，如果有人提出太多的问题，建议会后单独与他进行讨论。

（3）留够提问和讨论的时间，集中讨论客户关心的问题。 在演讲中我们要留够提问和讨论的时间，以集中讨论客户关心的问题。有三种情况要注意：一是客户提的问题太简单，不要表现出轻视甚至轻蔑的态度；二是客户提的问题太难，不要慌张，可以告诉客户自己拿不准，需要回去查一下才能给出一个准确的答案；三是客户有意刁难，可能客户支持你的竞争对手，遇到这种情况，可以这么讲："您的问题非常好，不过需要比较长的时间来讨论，我们最好以后再详细谈论这个问题。"

（4）演讲的 PPT 文件加上自己公司和客户公司的标识。演讲的 PPT 文件除每张都加上自己公司的标识，把客户公司的标识也加上，使得看起来像给客户定做的一样，这也会给客户一个对其很重视的强烈暗示。也可以事先分发陈述稿，可以帮助客户理解陈述内容，但对于公司的秘密或可能带来法律问题的内容，不适合用书面形式交给客户。不要在演示的过程中散发材料，以免客户在观看产品演示时分心，最好在演示快结束时散发材料。

40. 参加展览会注意事项

参加展览会是不少企业推广产品寻找客户的方法之一，但企业常常对花一大笔营销费用参加产品展览会犹豫不决，同时面对疲软的市场需求，企业也不愿意丧失品牌宣传和产品交易的良机。企业花钱想要物有所值，产生最好的效果，在参加产品展览会时还需要注意如下事项：

（1）**选择合适的商品展览会**。很多打着国际标签的商品展览会最终来的是国内二三线小品牌，而号称某专业领域的展览会最后变成了土特产大杂烩，展览会档次、规模不够，也就达不到推广产品、寻找客户的目的，钱也白花了。供应商应该锁定重要的展览会定期参加，有时候要在同一个展览会上出现三四次，客户才会确定你属于这个行业，留下深刻印象。

（2）邀请客户前来。 在展览会开始前，邀请公司的新老客户、潜在客户来展览会展台参观，有的企业在展台布置设计和后勤安排方面花费大量时间，恰恰忘记了展览会其实是一次重要的营销活动，主角应该是客户。

（3）进行必要的培训。 企业需要对销售人员进行必要的培训。企业的一些新产品和设备在展览会中首次亮相，出席展览会的销售人员必须对产品非常熟悉，否则也起不到好的效果。当然，展览会上也需要配备熟悉产品的技术人员。

（4）注重员工的仪表。 提供统一的着装，男士西装领带，女士西式套裙。展览会期间参展人员要面带微笑，尽可能站立，避免同事之间的闲聊，当你和同事闲聊的时候就意味着"我忙着呢，不要来烦我"。不要打电话看手机，接听重要电话最好离开展览区，尤其忌讳在展台区域内吃盒饭。

（5）吸引客户。 产品设备的现场演示是吸引客户最好的办法，准备小礼物或者抽奖活动也是一种好的方式，甚至可以通过标新立异的设计吸引客户，例如：小魔术或者现场表演。

（6）记录客户信息。 当有客户进展位询问、参观，尤其是坐下来与你交谈时，应做好记录，详细记录客户情况及要求等，特别是名片上没有的信息，如果有和客户的合照就更棒了，不要凭事后回忆跟进客户。

（7）展会结束后联系意向客户。 展会结束后对有意向的客户发邮件（邮件附带展位的照片，或者你与客户的合照），如果客户没有回邮件，选一个适当的时候给客户打电话。

41. 你是想做导购还是销售顾问

前面我们介绍了产品价值主张有四个步骤：呈现价值、量化价值、证实价值和讲故事，这只是产品销售模式。但是在信息时代，客户获得产品信息更加容易，销售人员介绍产品传播价值的功能大大减弱；同时产品的同质化日趋严重，即使有差异化的创新也很快就会被同质化的模仿所淹没，导致传播的产品差异化价值无足轻重。客户认定价值既不是来自产品本身，也不需要被传播，而是销售人员在销售过程中创造的附加价值，从而产生了系统销售和方案销售模式，产品只是附带被销售出去。下面是常见的几种销售模式（如表5-1所示）。

表5-1 常见的几种销售模式

销售模式	特点	销售角色
产品销售	向客户销售某个具体产品，满足客户单一需求	导购员
系统销售	供应客户一组系统的产品，全面满足客户需求	集成商
方案销售	提供客户解决问题的思路和方案，帮助客户经营成功，产品只是方案的一部分	销售顾问

方案销售模式和产品销售模式最大的区别是：前者是客户视角而后者是产品视角。方案销售模式通过帮助客户了解其未认知的问题和机会，提出其未预见到的方案或指出现有方案的缺陷，提供客户解决问题的思路和方案，最终帮助客户经营成功实现目标，从传播产品价值转变为创造客户价值，促使客户产生购买行为。

高新技术产品如计算机设备、软件和咨询服务,其显著特点是所需要销售的产品或服务往往难以描述且技术含量高,客户大部分是一头雾水,不知如何选择,但客户一般对目前面临的困难和要解决的问题还是清楚的。销售人员通过帮助客户理清问题的思路,提供解决方案而获得订单。客户愿意和关注他们问题的人做生意,也许客户对你和你的竞争对手的产品都不太了解,你们都说自己的产品好,但客户了解自己的问题在哪里,一个提供产品,另一个提供解决问题的办法,客户更喜欢提供结果的人,而不是提供工具的人,并且愿意为此结果支付更高的价格,这也就是解决方案式销售的价值所在。

解决方案式销售一般包括以下四个部分:需求确认 + 业务场景 + 方案陈述 + 方案价值

杜邦的解决方案式销售:
背景:福特汽车业务挑战
痛点1:若想确保涂装质量,就需要购买比较大牌的油漆,但大牌油漆全部按重量收费,价格高又增加了采购成本;
痛点2:现场油漆使用时浪费比较严重,约30%的油漆没有使用在汽车上,而是直接倒入废水中。

销售人员:福特所需要的其实不是油漆本身,而是以最低的成本、最快的速度实现最佳的表面涂装效果,我理解的对吗?(**需求确认**)
客户:没错啊!
销售人员:设想一下,现场油漆使用时浪费严重,约30%的油漆没有使用在汽车上,而是直接倒入废水中,导致油漆成本上

升。而影响涂装效果除了油漆质量之外，涂装工艺的控制、现场操作、质检、瑕疵修补等因素也很重要。（**业务场景**）

客户：……

销售人员：如果利用杜邦的技术优势，我们可以从配料、工艺优化、人员培训、现场管理、油漆回收等方面帮助福特提高生产效率，降低油漆损耗，保证涂装质量，更重要的是我们还可以依据喷涂汽车数量而非油漆使用量收费。你觉得这个方案对你们有帮助吗？（**方案陈述**）

客户：那当然好了，解决了我们的大问题！

销售人员：如果我们实施这个方案，预计福特可以减少35%~40%的表面处理成本，挥发性有机化合物排放量可以减少50%，同时由于油漆使用效率提升，大大减少了废水的排放成本。（**方案价值**）

解决方案式销售注重的是销售人员的个人能力和团队协作能力，越来越多的解决方案需要根据专业分工，由团队内部的不同人员、企业内部的不同团队甚至是不同企业之间合作完成；更需要销售人员对特定行业或特定运营模式的客户所面临的共性问题进行总体把握，在销售的过程中，销售人员作为销售顾问，帮助客户进行个性化的需求诊断，针对诊断结果提出解决方案，解决客户面临的独特问题。

其中，销售人员运用完整的策略型提问，通过探索型提问有针对性地获得客户的背景资料，以问题型提问揭示客户的隐性需求，以后果型提问使客户看到问题的严重性，再由价值型提问让客户自己说出获得的利益和好处，最后以确认型提问锁定客户的需求。然后，针对上述问题所提供的解决方案及收益和成本进行分析。

——大客户销售这样说这样做

六 异议处理

42. 让客户没有任何异议，直接成交

销售异议是指来自客户的反面看法或抵触信息，表示不赞同、提出质疑甚至拒绝的言行。客户可能在任何时候提出异议，不过客户大部分是在你完成销售的陈述以后提出各种异议。

异议有三种：

1）对你产品价格的异议（产品太贵了）；

2）对你是否具备实施订单能力的异议（产品能达到设计要求吗？供货有问题吗）；

3）是客户拖延的异议（我想再看看，迟点再决定）。

有两种办法可以应对客户异议，一种是防范，另一种是处理。异议处理不能提前，先防范再处理，销售前期的所有工作都是为了防范异议。

先说说防范，什么样的状况下可以减少或者避免客户提出异议呢？

你去三甲医院看病，有没有对医生的诊断或开的药方提出异议呢？一般情况下你对三甲医院医生的水平是充分信任的。如果你对医生这样说："我觉得你的诊断是有问题的，我肯定没有毛病，能不能让我看一下你的执业资格证书？"（**能力异议**）"你开的药太贵了，能不能打个折？"（**价格异议**）如果你真的这样对医生说话，那说明你的身体确实没病但脑子有病。

而不太正规的医院或江湖医生一般对病人采取恐吓式的手段，"再晚来一步，你的命就没有了！"或者非常严肃地对你说：

"你有病，病很重，能治好，得花钱。"提出一个问题，把问题扩大化，并告诉你如果问题不解决会导致严重后果，那么跟严重后果比起来，价格就不那么重要了，还有什么比人的生命更重要呢？或者说如果不及时治疗，以后恐怕麻烦更大。

第一种状况下病人对医院的专业性和医生的医术没有异议，是因为病人相信医生的权威或三甲医院的品牌效应（**能力异议的防范**）；而第二种状况下病人也少有异议，因为江湖医生采取了类似恐吓的沟通方式，病人已被吓得六神无主，哪里还想得起对价格提出异议，只有乖乖地交钱（**价格异议防范**）。

因此，所谓异议防范也有两种方法，第一种方法是像三甲医院的医生一样让病人对你的话深信不疑。对客户来说，每次采购其实都是一次冒险，跟你第一次合作，采购的金额越大，客户的风险就越大，工业产品的质量问题不会马上呈现出来，一旦出现有可能产生严重的连锁反应，美国挑战者号航天飞机爆炸的原因就是O型环密封圈失效。

大品牌大企业质量有保障，即使有了质量问题也可以负责到底，客户不会担心；某些由政府或第三方认证的技术资质，让客户觉得你有能力成为合格的供应商。销售人员的专业性，对客户所面临的共性问题有总体把握，同时能对客户进行个性化的需求诊断，针对诊断结果提出解决方案以解决客户的问题，客户因为你专业而产生信任感，其对有关能力的异议也相应地减少了。

我有一位朋友，技术员出身，同时对客户行业非常熟悉，销售业绩也非常突出，其成功的秘诀就是其与客户沟通的时候，往往对客户的业务问题和可能遇到的麻烦抓得很准，第一时间与客户建立信任，客户的异议很少，最终往往能顺利成交。

第二种是用策略型提问的方法,以问题型提问发现客户的难题和不满,以后果型提问把问题放大,使客户看到问题会造成严重的后果,增加你的产品或方案的价值;以价值型提问使客户自己解释得到的利益和好处,消除客户的抵触心理。当产品或方案的价值大于客户付出的成本时,客户产生价格异议的可能性就大大降低了,而直接向客户提供利益或没有放大问题带来的严重后果,客户便会产生价格异议。

举例一:(没有放大痛苦)

销售顾问: 您现在使用的窑炉维修方法在生产高峰时会带来麻烦吗?(**问题型提问**)

客户: 窑炉停产维修确实是个麻烦,不过我们一般安排在生产淡季维修保养。

销售顾问: 陶瓷焊补技术可以在不停产的情况下进行窑炉维修。(**提供利益**)

客户: 不错啊!需要多少钱?

销售顾问: 200万元。

客户: 200万元!仅仅是为了不停产的窑炉维修?那我还是停产维修吧。(**价格异议**)

举例二:(放大了痛苦)

销售顾问: 您现在使用的窑炉维修方法在生产高峰时会带来麻烦吗?(**问题型提问**)

客户: 是啊,必须停产维修,真是一个令人头痛的问题。

销售顾问: 您现在使用的窑炉在维修时必须停产,请问对贵公司的经营会造成什么影响?(**后果型提问**)

客户： 影响很大，我们粗略计算过，窑炉停产一天企业就要损失××万元。还有客户合同无法履行的经济赔偿。当然还有些是间接的损失无法计算。有些重要客户由于提不到货转而去竞争对手那里进货，企业信誉也受损。

销售顾问： 解决这个问题对你们很重要吧？（**价值型提问**）

客户： 是的，可以避免企业由于窑炉停产带来的经济损失。

销售顾问： 我们能够提供不停产窑炉维修解决方案，能否为您介绍一下我们的方案？

客户： 好啊！

43. 价格、怀疑能力、拖延，处理客户三类异议的方法

如果没有办法避免客户提出异议，那就需要处理异议，不能有效地解决客户提出的异议，你就无法成功达成最后的交易。但是一般异议处理的方法是用话术，正确的方法是首先了解产生异议的真正原因，再用话术效果会更好。接下来我们讨论处理客户异议的技巧，异议主要有三种：价格的异议、能力的异议和客户的拖延。

（1）如何处理价格异议？ 所谓价格异议就是客户认为你的价格高了。应对这样的异议销售人员最常见的反应是："我们的产品质量好，我们的服务好。"其实最好的回答是反问，客户说你的价格贵，你最好问一下他："为什么会觉得贵呢？"只有知道客户提出异议的真正原因，才能有的放矢地进行异议处理。

客户提出异议可能有如下原因：

1）客户的预算不够；

2）价格与价值不符；

3）其他供应商报价更低；

4）客户对你不了解不认可，个人有偏见；

5）拒绝的借口，客户其实已经决定采用其他供应商的产品；

6）客户的一种谈判策略……

客户通常不会对你说这些大实话，所以拒绝你的最好说法是"你的东西太贵了"。许多销售人员都相信了，一个有趣的现象是：95%的销售人员都说自己的产品贵，没有竞争力。其实价格不是决定性因素，应该找出客户提出异议的真正原因，加以处理。

如何处理价格异议？当客户预算不够时，可以减少产品功能配置，降低型号级别，提供新的财务方案，例如分期付款，甚至可以要求客户修改预算。客户觉得价格与价值不符时，你向客户介绍清楚产品的优势和利益了吗？如果客户不清楚，恐怕你要重新向客户陈述一遍。当其他供应商报价更低，你需要了解品牌是在同一档次吗？产品有差异化吗？当客户对你不了解、不认可时，这其实是一个能力的异议，客户对你能否满足他的需求表示怀疑，只是以价格异议表现出来罢了！原因是前期没有和客户建立信任关系。以上都算是客户真实的异议，而客户本来就没打算用你的产品，用一个借口来掩盖他不想和你交易的事实，这其实是假的异议，假的异议就很难用异议处理的技巧来解决了。

（2）如何处理能力异议？ 所谓能力异议就是客户对你能否满足他的需求表示怀疑。能力异议也有两种：一种是你确实不具备满足客户需求的能力；另一种是你具备这样的能力，但是客户表示怀疑。

对于第一种状况，你确实不具备这样的能力，你可以承认你不能满足客户需求，提醒客户除了他关注的问题以外其他问题导致的后果更严重，强调你能满足的那部分需求的重要性，引导客户关注你的优势而忽视你的劣势。例如："除了价格，很多客户还重视节能和环保，这是不是您关注的呢？"

你准备卖给某家公司一台打印机，你做了一个非常完美的演示，这个公司的老板打算买了，这时候秘书说了一句："老板，您有没有发现这个打印机比原来那个打印机噪音大？"老板一看还真是："为什么这个打印机比我们原来的噪音大这么多呢？"你该怎么办？你可以这样说："因为这台打印机的速度比原来的快很多，引擎速度高噪音会大一些，但是您获得了更高的效率，原来您的状况是很多人在打印的时候要排队，特别是标书急着要的时候，为了获得更高的打印效率，噪音大一点您觉得可以接受吗？"

第二种状况，你其实具备这样的能力，但是客户表示怀疑。你可以先承认买方所关注问题的合理性，再提供真实可靠的证据来证明你可以满足这种需求。例如：产品演示、样板客户、参观工厂、产品试用、检测报告等，消除客户的顾虑。

客户：你们的产品质量还行，但我们在全国分布有6个生产基地，而且实行点对点零库存的管理，要求供应商在下订单后24小时内到货，物流配送不是一般企业能承受的，你们恐怕无法做到。

销售人员：您的担心不是没有道理，我们目前的客户西门子开始也有同样的担心，可是最后发现我们能够提供更快更准确的服务，因为我们在全国有10个物流仓库，可以保证服务半径内的客户在下订单后 24 小时内到货。去年西门子对供应商评估，我们还被授予最佳供应商的称号，请看……（**向客户展示证书**）

同样，能力异议也有假异议，是客户故意不和你成交的一个借口。项目正常推进到后期，某天，客户打电话问你："那个××问题怎么解决好？"于是你费尽心思地找生产部门解决，你认为只要解决了这个问题，就可以顺利成交了，别犯傻了！解决了这个问题，后面还有成堆的问题等着你。采购后期，客户要考虑怎么让供应商接受被淘汰的结局，客户既不想得罪供应商，也不想欠供应商人情，所以通常会请教自己准备选择的供应商，让他们帮着出主意，找其他供应商的弱点，只是想通过这种方式证明不买你的产品是有理由的。

（3）如何处理客户的延迟？所谓延迟就是客户迟迟不做购买决定，"考虑考虑""商量商量"，客户延迟推托也分两种情况：第一种是真的不想买，但客户不好意思明说；第二种是真的想买但没有决策权，没有考虑清楚，对价格或产品还有疑虑，又或许客户只是处于收集信息的阶段，还没有到最后决定采购的阶段。

对于第一种状况，你不妨以一种宽容的心态允许客户说"不"，例如："王总，我有种感觉我就直说了，我们可能不是你的最佳人选，你其实就是不忍心直接拒绝我，我的理解对吗？"早点知道对方的真实态度及时放弃，比傻傻地做无谓的努力也许是更聪明的选择，留得青山在，不怕没柴烧，下次双方可以再找合适的合作机会。

对于第二种情况，如果判断客户确实处于最后采购阶段了，但客户还在犹豫迟疑，不妨询问客户担心什么，然后采用价格或能力异议处理模式。如果能够成交最好，成交不了可能是对方无决策权，切记与客户约定下次见面的时间或直接见其老板。

销售人员：车您也看得差不多了，今天准备提车吗？

客户：今天不提，我再比较一下。

销售人员：买车不是件小事，慎重些没错，我可以问您一个问题吗？您在担心什么？

1）客户：担心服务及时性或价格太高。（**销售人员采用异议处理模式**）

2）客户：领导（老婆大人）审批（商量）。

销售人员：下周一我可以和您联系吗？（**要求承诺**）

44. 当客户说"不"的时候

当客户说"不"的时候，通常意味着什么？也许真的没需求，但不要太早下判断，也许客户的潜台词是："我认为问题不严重，不需要购买。"这其实是客户需求认知不足，或者需求强度不够的问题。很多人有病拖着不愿意去医院，只有痛苦到无法忍受的时候才去医院，结果耽误了最佳的治疗时间，你能说客户一开始没有需求吗？只是他没有意识到问题的严重性。

同样，客户开始也许并没有察觉到存在的问题或有点问题但感觉无大碍，销售人员必须帮助客户确认并看清这些问题，发掘问题的不利影响和后果，使客户产生解决问题的强烈需求。通过询问客户面临的问题、困难、不满，例如："工人在操作设备的时候有什么困难？设备的噪音有没有带来什么麻烦？""工作环境恶劣噪音大，会不会导致人员流失率高？是不是加剧了操作工人短缺的问题？"当问题的严重程度造成的损失大于客户付出的购买成本，客户就会产生购买需求，其实就是告诉客户为什么要购买产品。

当客户表示拒绝的时候，其本身的需求是存在的，也打算购买，只是觉得：你的产品不是我想要的那种，所以我不选你的产品！你的产品与他的需求不匹配。客户一般尝试从多个产品或解决方案中选择，这是整个销售过程中最富竞争性的阶段，销售人员必须能够确认和影响买家的选择标准，使自家产品与买家的决策准则匹配，你公司的品牌、独特的产品卖点和差异化的解决方案，能为客户解决某个问题，而你的竞争对手无法做到，所以客户只能对你说"是"。

当不能满足客户需求的时候，需要引导客户需求。例如：您是如何定义质量的？关于这点能说得更详细一点吗？引导客户对质量做重新定义，打破其原来的价值体系，重构客户的质量标准。还可以这么说："除了价格以外，很多客户还重视节能和环保，这是不是您关注的呢？"引导客户从关注价格转变为关注价值。

这个过程是告诉客户为什么一定要从你的公司购买产品。有人可能会说，客户选择产品是因为价格的因素，似乎事实也是如此，订单成功是因为价格低，不成功的订单也是因为价格不是最低。只有在完全同质化的情况下，这样的理论才会成立，客户之所以以价格最低作为评判标准，是因为客户看不到你的产品特色或者你没有让客户看到方案独特的价值。

当客户拒绝购买的时候，也许客户认为"这是个大单，我怕承担风险，所以难作决定！""我对你不了解，所以很犹豫"，拒绝意味着对销售个人的不信任。当接近最后决定时，客户通常会因日后的未知因素而感到不安，因为你的独特人格魅力、你的专业水平与工作经验、你的职业素养和你的为人处世能力，客户信任你，相信你可以帮助企业解决问题，顺利执行订单，当到达这样的关系程度，客户一定会欣然购买。客户信任就是一个支点，如果你能够传递价值让客户感觉安全，就能搞定订单最后成交。相信销售人员碰到过这样的情况：你的方案很不错，但客户却拿着你的方案和报价找到自己信任的供应商，问他能不能做。这就是信任在交易中成为决定性因素。

为什么要购买？为什么一定要从你的公司购买？为什么一定要向你购买？当客户拒绝购买的时候，以上三个问题不仅仅是销售人员自己要思考清楚，同时也要帮客户理清思路，如果客户也能清楚地回答以上三个问题，将是客户由拒绝变为接受的自我说服的过程，你销售成功的可能性就更大了。

45. 客户说你的东西太贵了怎么办

客户说："你的产品太贵了！"大部分销售人员是这么回答的："我们的产品质量好，我们的服务好啊！""用料好，价格自然高！""我们也有便宜的产品！""请问你能接受什么价位的产品？"

销售人员说自家产品质量好，自己的服务好是最不动脑子的说法，无论你销售什么品牌、什么档次的产品，大家都会这么说。至少你要说出你的产品质量好在哪里吧。有数据证明吗？你说用料好成本高，那你把你的材料成本分门别类给我列出来。客户说："你的产品发动机和那家国产的是一样的，为什么整机比他家贵这么多呢？"你说："我们也有便宜的型号。"客户说："对不起，我们领导就指定了这个系列，不能改。"你说："你能接受什么价位?"好吧,客户报的价格是你能承受价格的一半。

以上没有针对性的回答是很危险的,面对客户说你的产品太贵,最好的回答也许是反问:"我们一直这么报价的啊!为什么您会觉得贵呢?"对方可能告诉你以下理由,接下来你的应对才有可能有的放矢(如图6-1所示)。

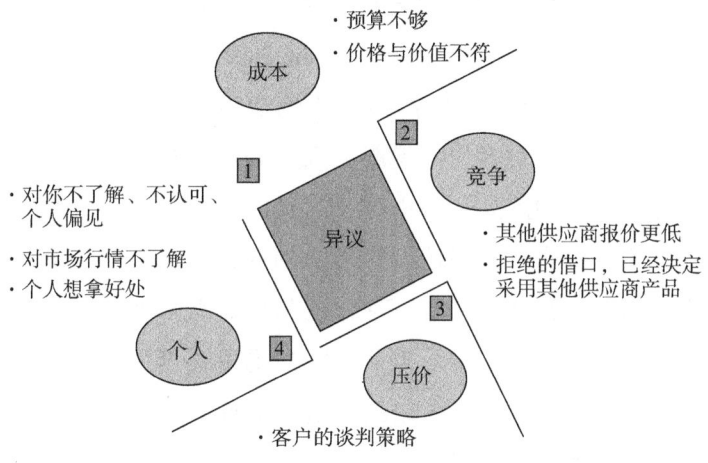

图6-1 异议存在的几种真正原因

(1) 你的竞争对手报了个低价。最好你先确定这个竞争对手是否存在。其次,这个竞争对手拥有和你同一档次的产品吗?如果不是,那你回答:"那要看比什么产品了。"如果你的产品是奥迪,客户用奥拓价格来比,他自己都会觉得很荒谬;如果是用宝马跟你的奥迪比,你就心里有底,宝马可能给客户什么价?你还价就有余地了。

(2) 品牌差不多为什么你的产品比别人贵?这种情况往往是产品本身同质化、标准化,这时候可以从以下两个方面来说服客户,首先是采购成本不等于使用成本,从节能、产品的可靠性等方面分析,在未来3年,A产品的总使用成本要大于我们产品的使用成本；如果客户说："我们只考虑采购成本。"那好，从服务上找差异化，你可以说："我想请教一下，对方的这个价格是否包含了两年免费维保？"客户说："他们只有一年免费维保。""一年是国家标准，我们行业普遍都采用两年标准。"你也可以这么说："我们能够不计订单数量免费送货，不知对方有没有这项条款？"

（3）**觉得你的产品价格与价值不符**。"是的，我们的价格确实比他们要贵些，如果考虑到……这个价格又不算贵了，您说呢？"你要如数家珍地突出你的优势能给客户带来什么好处。利益需要量化，数字对客户的说服力大，利润增加多少，成本下降多少。除了狭义的产品利益以外，广义的产品利益还包括：质量保证书、安装维修、使用培训等带来的利益，提供赊账支付也是可以强调的客户利益。还有一种方法是告诉客户使用不可靠设备带来的严重后果，导致工厂停产、客户退货甚至领导怪罪，个人职位不保等。你可以说："如此关键的部件，质量的可靠性才是考虑的主要因素，不是吗？"

（4）**客户的预算不够**。减少功能配置、降低型号级别、提供新的财务方案是一个选择。另外，看相差多少，如果真的差太多那是有问题，大客户采购追加预算的可能性很小；如果差不多，可以问公司愿不愿做这个单子，有的时候公司觉得客户后续有订单，或者要做某行业的标杆客户，不考虑利润也愿意做。但也不要直接同意，你可以问对方："是不是除了价格，其他问题都解决了？如果我们同意这个价格您今天就能决定吗？不需要再涉及其他人和其他部门了吗？"

（5）**其他理由**。以上是客户可以说出口的理由，还有一些他说不出口的理由："这是个大单，我对你不了解，所以很犹豫。"客户拒绝成交，大多是因为信任问题，但一般不会说我跟你没有感情，对你不信任，而通常是以价格太贵作为托词，你应该想办法让客户相信你或与客户建立良好的关系。另一种情况是客户已经决定采用其他供应商的产品，价格只是其拒绝你的借口，这时候你再谈方案价值和产品优势有什么用？有时候客户私下想要好处，但不能明说，也会说你的产品价格太贵。我在企业上班的时候就碰到过这样的情况：一个销售人员回来跟我说，客户说我们的产品太贵了，最后30万元的底价硬生生地降到了28万元才成交，到了最后，那个客户要我们把发票开成31万元，我不说你们都知道这是怎么回事。

46. 你的价格比竞争对手高，而你拿不出证据说明贵的理由，怎么办

销售人员经常碰到这种情况：竞争对手的产品品牌、质量、服务各方面都和你的产品不相上下，但价格却比你的低不少，而你也确实拿不出充分的证据说明贵的理由，怎么办？如何说服客户呢？如果真的碰到这种情况，可能是自家生产成本的问题，或者是竞争对手恶意竞争，这超出了销售人员的能力范畴，销售人员能力再强，与客户关系再好，使用你的产品，客户很难跟领导交代。

"有一种胜利叫撤退，有一种失败叫占领。"我想遇到这种情况你只能暂时放弃这个客户，如果与竞争对手硬拼恐怕两败俱伤。但是在放弃以前你不妨对客户这样说："张经理，这个价格我们公司确实做不下来，只能以后再找机会合作了。"客户可能会说："他们能做为啥你们不能做？""其实我们上游的原材料

（配件）、生产工艺和设备、技术水平都差不了多少，以前我们的价格确实有差异但没有这么大，这次他们的报价这么低我也比较吃惊，不明白他们是怎么做到的，他们胆子确实大……"好了，你不用多说，点到为止，让他自己去琢磨吧！

你也可以这么对客户说："这个价格我们确实做不了，不过，我们能保证有充足的货源（言下之意竞争对手有价无货），我们能保证合同期内价格不变（言下之意竞争对手可能下个月涨价），我们能保证给客户价格的一致性（一视同仁），如果哪一天你的领导发现旁边那家的价格比你的还低，领导会怎么想？确实有些不良供应商先用低价入围把你套住，然后想方设法提高价格，不得不防啊！"

向客户提供市场证据，强调公司定价的合理性，提醒客户低价的风险，销售人员把自己能做的工作做到位，寻求下次合作机会。

最后关于异议再给你几个忠告：仔细倾听客户提出的异议，切忌打断客户抢话头，似乎不证明客户错，他就不会买你的产品；保持积极的心态，以微笑应对客户提出的异议，哪怕是来自竞争对手的不实之词，千万不要气急败坏地与客户争辩，与客户争辩失败的永远是销售人员；读懂客户的异议：真异议、假异议（客户用借口、敷衍的方式应付销售人员，目的是不想与你成交）；隐藏的异议（表面的异议只是为掩盖其真正的异议，例如：客户希望降价，却提出其他异议，如品质、付款方式、送货时间等）。

七 竞争策略

——大客户销售这样说这样做

47. 如何巧妙地揭示竞争对手的弱点

一般来说，没有必要主动提及竞争对手，客户可能是个外行，没必要给他普及产品知识。客户已经对你情有独钟，提及对手可能节外生枝，导致客户推迟购买决定。但客户喜欢问产品对比的问题，原因是他是外行，对产品一窍不通，想了解一下行情；或者竞争对手介绍过产品，还说了一些你的产品的坏话，他将信将疑，找你来验证一下。

如果你在公开场合问十个销售人员是否说过竞争对手的坏话，那有九个销售人员会义正词严地回答你："不能说竞争对手的坏话。"但他们在私底下实际销售工作中呢？估计会有个别人说竞争对手坏话。有的销售人员说："只讲自己公司的优势，最多有些参数的对比。"因此，一般标准的回答模式是这样的："B是一家不错的公司，产品也不错，B和我们A品牌比较起来，可以说是各有优点，我们的产品优势是……"以上回答四平八稳，但对客户影响不大，讲了等于没讲。

我们首先把"坏话"定义一下，就是基于事实的竞争对手的负面案例或者产品的弱点缺陷，在这种情况下是否要向客户实事求是地说明呢？如果不涉及企业价值观或者个人道德修养的范畴，说对手的"坏话"对你销售成功有多大帮助，或者干脆有负面的影响？其实，说不说对手"坏话"还是要分情况。

一个女孩正在暗恋一个男孩，忽然有一天跑来问你，觉得那个男孩怎么样，你不可贸然评价。如果你说的是好话，正中她下怀，她会在心里美滋滋地感谢你；如果你一开口就把他贬得一文不值，那她肯定感觉非常不舒服。

同样，公开场合不要诋毁竞争对手，诋毁别人除了表示你没有风度，关键是有风险，如果恰好客户是竞争对手的粉丝，就会引起不必要的争论，只要争辩，你输了是输，赢了也是输。

所以，你首先要探明客户虚实，他是否了解产品，了解到什么程度？客户对竞争对手不了解，那你就主动了，先入为主影响，利用你的信息优势对他进行洗脑。如果客户对竞争对手很了解，那也可以询问一下客户对产品的看法，如果客户对产品某一点存在疑虑或不满意，你也可以有针对性地介绍你的产品在这方面的突出优势。但是如果客户对竞争对手很满意呢？其实在这个人身上你的机会就不多了，这时就不要多说了，要另辟蹊径，找客户内部对产品不满意的人，所以不了解客户乱说话，很可能会冒犯他。

在公开场合揭示竞争对手的弱点，同时又想降低这方面的风险，可以采取以下几种方法：

(1)"影射"方法。所谓"影射"就是通过强调某个问题的重要性，让我们相对于竞争对手的优势被客户看得更清楚。例如：你可以说我们的产品采用的是全进口发动机，而竞争对手可能是国内生产的产品；你是自有客户服务团队，服务更专业，必要时会不计服务成本，而竞争对手是通过第三方服务，言下之意就很清楚了。

(2)"引述"。也就是第三方的意见，暗示自己也是同意此观点的，避免与客户观点正面冲突。例如：目前安卓手机的主流配置是5.5英寸1080P屏、高通八核处理器，存储组合6GB + 64GB，你说的这款手机也是大品牌，但技术毕竟有点过时了。如果你的产品是窄边框的电脑,你也可以这样问:"你知道为什么大家现在都喜欢窄边框的电脑吗?"

(3)"**暗示**"。如果竞争对手的产品价格比你的低很多,但品牌质量差不多,你可以这样说:"其实大家的上游供应商的成本都是差不多的,说实话,他们的价格这么便宜,我也很纳闷。"请注意,你没有说过竞争对手的坏话,也没有明说对方产品质量有问题,但是在潜在客户心里埋下了一个地雷,客户感觉不对劲,是不是质量确实有问题啊?

还有一种情况是与客户在私底下交流,同时对方是你的教练或者支持者,你就可以实事求是地告诉对方竞争对手产品的弱点,通过他来告诉客户组织内部的其他成员或者企业高层,比你在公开场合告知更加有效。另外,当你明显处于不利的位置,且客户的销售流程处于末期,马上要与竞争对手签订单了,抛出对方的负面案例推迟客户的采购流程,拿下订单,也算是险中求胜。

有一家生产空调的 A 企业参与某大型客车企业一个项目的议标,几轮谈判下来,只剩下 A 企业和另外一个厂家 B,A 企业使用的是单螺杆压缩机,B 企业产品使用的是招标文件中规定使用的双螺杆压缩机。B 企业为强调该公司技术上的优势,称行业内一家客车企业 C 也使用该公司的同款产品,性能得到该客车企业的好评。现场的评委们都倾向于用 B 企业产品,此时 A 企业销售人员不慌不忙地拿出了一份客户满意度调研表,该调研表恰恰是 C 企业委托专业的调研机构做的,调查显示:客车不满意栏中有 60% 的客户填写了噪音太大。与此同时,销售人员把评标委员会请到现场,为了说明单螺杆压缩机的优点,还把一个一元硬币立在中央空调主机上,机器启动时,硬币纹丝不动。大型客车企业的老板一开始并没有说话，这个时候发话了，当场决定产品选型流程推倒重来。一个月后该企业决定采用单螺杆压缩机方案，最终，A企业使用的单螺杆压缩机以低噪音、低震动、平稳可靠运行一举中标。

48. 如何判断客户有没有把你当备用人选

项目型销售不同于长期采购，你与竞争对手基本上是一场零和游戏，你死才能我活，只有冠军没有亚军，也许第三名比第二名还好些，因为感觉没希望可以少投入一些，而第二名就很惨，往往自我感觉生死一线，有时候觉得自己成功的希望很大，投入大量的人力、物力和机会成本，最终，你听到客户对你说："感谢你们的支持，你们很有实力，也确实很优秀，但出于综合考虑，很遗憾本次采购决定不选择你们，希望下次再有合作的机会。"客户跟你关系再近点，会私下跟你说："唉，如果你们的价格再低些希望就大了！""对方来头大，关系太硬，这也是领导的意思……"

实际情况是客户一开始就没有把你当成选择的对象，你只是被客户当成备用人选，甚至还不是第二选择，你拼尽全力跟着竞争对手跑完全程，最后发现自己是陪练。退一步来说，知道自己是备用人选不可怕，因为还有翻牌的机会，尤其是面对一些长期采购的大客户，即使你是备用人选未来也有机会，可怕的是不知道自己是备用人选。投资大师巴菲特告诉我们："打牌时，如果几轮下来你还不知道牌桌上谁是傻瓜，那么你就是那个傻瓜。"

客户之所以明知你没戏，还希望你积极参与，原因不外乎下面几条：

（1）压价的手段。供应商在什么情况下最可能降价？是不是竞争特别激烈的时候？客户当然也知道这一点，所以他要留个备用人选，帮自己把那个选定的供应商的价格压下来，除了价格，他们对现在的供应商很满意。

（2）以防万一。采购人员不太放心已经选中的客户，怕有闪失，出现质量问题、供货问题等，所以留你当个备份，万一有不测，你就有机会了。不过，既然是以防万一，你基本上没有机会。

（3）拿你凑数。老板不允许只与一家供应商接洽，这是很多公司的硬性规定，所以找你来凑数，其实现有的供应商关系很好，甚至还牵涉个人利益，怎么会轻易换掉。

（4）想学点东西。客户本身不专业，想找一家专业的供应商给他补课，有人说："花钱的都会变成产品专家。"这话一点不假，供应商是客户最好的老师，所以跟你要方案要报价，更气人的是拿着你的方案和报价问其他供应商能不能做。

如何判断你是客户的准供应商还是备用人选？

一般来说项目介入得越早成为备用人选的可能性越小；反之，在客户采购后期才介入，客户被竞争对手搞定或洗脑，基本上到了签约的前期，作为备用人选的可能性就很大，所谓陪标讲的就是这个意思。除此以外是否成为备用人选还可以根据以下几条判断：

1）当你要求引见领导或者与其他部门沟通的时候，他以各种理由拒绝，理由很简单：他根本没打算选你，为什么要带你去见领导或给你引见；

2）客户没有和你沟通或者沟通不充分，没有一起界定需求、交换细节、讨论方案，只要求我们在规定时间完成方案报价或某项工作，方案交流也基本上不提什么意见，到你公司参观也是走过场；

3）客户似乎很专业，疑问也不多，很有信心的样子，"这个我们了解，我们会考虑，你们只要根据方案报价就可以了，回去等通知吧。"当然可能客户确实很懂，但我想凡是做过几年销售的人员都会从客户的语音、语调和肢体语言上看出端倪；

4）客户采购标准明显对你不利，或者在项目后期突然提出新的需求，不巧的是这个功能恰巧你做不到，这就给他最后不选择你提供了一个理由：不是我不帮你。减轻他自己的负疚感；

5）比较重要的项目，对方高层会最后出面，项目后期如果双方高层没有见面，那就大事不妙了。如同你和一个女孩准备结婚，但双方的家长都没见面，这可能吗？

49. 备用供应商如何成为客户准供应商

一个公司尤其是一个不太有名的公司要赢得大公司的订单是比较困难的，尤其大公司目前已经有长期合作的供应商且合作还比较愉快，想把对方挤掉那是难上加难。在这种情况下后来者能想到的竞争策略是什么呢？无非是产品质量和服务相当的前提下我的价格比你还低，我的付款方式更灵活，或者搞不正当竞争。一个成本或实力没有优势的企业要靠价格和赊账与强有力的竞争对手比拼，且不说不一定会赢，就是拿到了订单最后还是会被自己的低价拖垮。当然，也可以慢慢等待机会，等待客户新的产品新的需求你恰好能满足；等待客户组织变化，某一天竞争对手的支持者出局；或者等待竞争对手出错，出现质量问题或与客户关系恶化，但这要等到什么时候？就算等到也未必就是你的机会。

大公司不会轻易更换供应商，对供应商管理很规范，选择供应商也非常慎重，除了价格以外，其更多考虑的是风险，但客户往往不跟你谈风险而是跟你谈价格，就像海面上的冰山一样，价格只是露出海面的小尖尖，风险才是隐藏在冰山下面的东西。例如：今天你对客户说："我想成为贵公司的供应商。"客户也清楚你们的产品都能满足其需求，客户说："你一定要做的话价格至少比目前的供应商低10%。"但是客户最终还是宁愿多付出这10%，仍然采用目前供应商的产品。更换供应商对客户绝对是有风险的，他领导可能会说："原来的供应商挺好，为什么要换？"客户对你不了解万一出了问题怎么办？搞不好连当事人的饭碗都砸了。

如果某一客户以前从未与你合作，那么从他们的角度来说，合作就有很大的风险，价格的优势不足以打动这些客户，关键还是要让他们感觉风险很小。打消顾虑的方法有很多：目前的成功案例、产品演示、检测报告等，但真的还不够。其实客户要减少使用新供应商的风险，最好的方法就是从小额交易开始做起。大客户开发最好的策略之一是：赢取第一笔小额交易，并由此作为契机进入客户供应商体系，逐步建立关系，最终成为他的主要供应商。不要总是一开始想签大单，那些百万、千万甚至上亿的大单都是从小订单的合作开始的，也就是先从备用供应商做起。有时候客户给你一个非常紧急或难度很高的订单（可能他目前的供应商搞不定），也是一个很好的客户切入点。

前面讲的都是长期采购的订单，如果是项目型订单，你与竞争对手基本上是一场零和游戏，要么全赢，要么全输，必须在此次销售中挤掉对手成功胜出。当销售处于不利的位置，应采取拖延战术：以投诉不公平竞争、指出客户方案致命缺陷、竞争对手负面案例等理由搅局，中断或推迟客户的采购流程，取得关键决策人支持。但是如果实在没有希望胜出，尽早放弃也是一种策略。

8年前，我接到一个世界500强石油企业培训专员的电话，说有一个营销课程定制的项目，要求我们公司派人去谈一谈。与对方见面以后，通过了解我知道对方正在启动一个"培养内部培训师"的项目，其中还需要根据他们公司的实际情况制作一个《战略大客户管理》的内部培训课程。和我见面的人是对方公司的培训专员，拜访快结束的时候，我对他说："这个项目与一般的培训还是不同，而且时间比较紧，需求比较复杂，为避免风险，保证项目的顺利实施，在我们正式提交方案前，是否安排与培训总监或销售总监见一面？"但是我的请求被对方拒绝。因为是初次合作，我们还不是他们的正式供应商，还要求提供一大堆公司文件，非常麻烦。其实我在拜访以前了解到这家公司目前有两家密切合作的供应商且都是国际知名的培训公司。回去以后我考虑再三，正式通知对方：由于时间太紧，我公司决定退出此次项目的竞标。对方的培训专员非常诧异，很显然他从没有碰到这种情况。

第二天，我意外地接到他的上司培训总监的电话，问我不参加竞标的真正原因是什么，我只能如实告诉他："我们只是一个小公司，与贵公司也从来没有过合作，和你们目前的供应商相比没有多少胜算。"我也很坦率地告诉对方："我们不想做备用人选，在不可能成功的项目上浪费我们的时间，如果这点都判断不出来，我们就不配给你们做营销培训了。"对方沉默了一会，问我能否再当面谈一下。

后来我才知道，他们原来的两个供应商确实也参与了竞争，只是客户觉得在"战略大客户营销"这个模块上他们不太专业。

听说我们公司是专业研究 B2B 营销模式的，所以请我们公司参与，不过他们最大的顾虑还是我们不是他们体系里的供应商，对我们不太了解。对培训总监而言，选择目前的战略合作供应商也许不是最合适的，但确实是最安全省心的。培训总监也很坦率地说其实在竞标前他心中已经有内定的人选。鉴于我们确实表现得非常专业，培训总监最后还是和我们合作，不过并没有直接和我们签合同，而是指定我们公司成为目前体系内供应商的分包商，负责整个项目的其中一个模块，因为只是一个小订单，这样做对他而言是最安全的。当然我们没有报低价，完全是正常的报价，最后项目我们做得非常成功，客户相当满意。通过这个项目，我们后来成为这家石油公司的正式供应商，以后的合作就顺利多了，8 年来我们一直是他们一个很重要的培训供应商。

50. 如何在客户内部找到支持者

2016 年 7 月，我们公司的销售总监从以前的客户 B 那里得知现在这个仪表项目，同时了解到涉及我们这一部分的产品可能在 11 月份招标，这个项目在宁夏回族自治区。我们公司在北京，宁夏回族自治区没有代理商，仪表项目负责人 A 就是 B 的同事。

在得知这个项目后我于 7 月初来到宁夏回族自治区，见到 A，但是这个人对我比较冷淡，让我把资料放在那里，我想再和他进一步深入接触，他根本不给机会，我就回到北京。在北京期间，我们偶然接触到了设计院的负责人，他表示可以把我们的产品设计到项目中，但是时间比较紧迫。

我又来到 A 的公司，但是不巧 A 出差去了外地，没有见到，听说过几天回来的时候会从北京路过，我觉得这是一个机会。不过我见到了 A 手下的一个人，她说这一部分招标还早着呢，估计得 11 月份，其他的什么信息都不透露。我又在他们办公室的黑板上找到了该项目的总经理、副总经理的名字和电话。第二天早晨见到了其中一个副总经理，副总经理让我把资料交给仪表项目的人，只留了我一张名片，我就被打发了。我又给总经理打电话，但是他还没听完我的介绍就把电话挂了。

这是不是许多大客户销售人员实际工作的真实写照？销售人员找到了新项目，面对陌生的客户却无法开展工作，被拒绝、遭到冷遇、处处碰壁是销售人员工作中的常态，怎么办呢？

（1）销售人员应在客户内部找到接纳者。 客户中愿意接纳你和你的产品的人。这是最容易接近客户的点。一般接纳者表现为对你有同情心、愿意倾听、愿意提供信息（有时候我也称其为线人），大部分接纳者都是基层员工，也好打交道。至于谁能成为接纳者，就要靠你观察了：谁对你态度比较和蔼，谁与你一见如故谈得来，谁主动为你端茶递水。大学校友、半个老乡也是接纳者的好人选。

通过接纳者，我们可以获得客户内部有效的信息：客户采购的进度安排、预算、组织结构、角色、关键人、竞争对手等，你可能用几个月才能摸清的客户情况，在几分钟内全清楚了。如果客户已经有了合作的供应商，关键还要了解：谁是当前供应商的支持者？谁（不满者）对现有供应商不满？或者引入新供应商可以为谁（受益者）带来好处？

（2）与不满者或者受益者见面。 这些人往往是客户内部的管理层，有一定的地位和影响力，他们愿意与你沟通是因为其对现有供应商不满，可能是现有供应商的忽视得罪了他，也可能是利益驱动。当你们的关系达到一定的程度，不满者或者受益者与你形成了同盟，向你提出建设性的建议、引见内部同事，并且是你坚定的支持者，我们也可以称其为教练。他们有一定话语权，愿意提供行动建议，对决策者有影响力，我们可以要求其引见决策者或者用你的观点同决策者交流。

（3）找到决策者。找到采购决策者，促使其批准采购。决策者能够决定是否采购，但不轻易使用决策权，一般采购向下级授权，因此基本上礼节性拜访就可以。对于重大采购决策者会重点关注，因此你必须提供优质服务。

成功的大客户销售通常在客户内部找到一个支持者，帮助我们把销售向前推进。支持者能提供信息、建议，如果有必要会在销售人员没有办法进入的客户内部代为表达观点。支持者可以是个人或者部门，接纳者、不满者也可以是同一个人。

51. 如何应对客户的"个人要求"

某钢铁公司分厂需要上马一套电气自动化控制系统，该系统由分厂副总经理担任项目负责人，总厂机动处专工老李和分厂机动科刘科长负责采购和招投标工作（如图7-1所示）。我是南京某自动化设备公司的销售经理，项目跟踪已经有3个月了，基本上跟分厂机动科刘科长和总厂机动处专工老李沟通，与负责项目的分厂副总经理只见过一面，没有办法深入交流。我了解到副总经理是技术员出身，非常在乎投标厂家的技术能力和成功业绩。前期报名投标的有十家公司，经过初选，确定四家公司参与投标，我们就是其中一家。

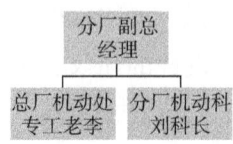

图7-1 客户分管项目负责人构成

我与机动科刘科长关系非同一般,吃饭、喝酒,每次都能满足其要求。我通过与其沟通了解到副总经理对我们公司非常感兴趣,我说希望能与副总经理深入沟通,刘科长说暂时不用,因为他与副总经理是大学同学,会帮助我影响副总经理,问题应该不大。

一次吃饭,刘科长暗示我:利用周末去千岛湖休息一下,希望能一起去。目前,针对刘科长付出的公关费用有2万多元,我估计直接领导营销总监可能不会同意支付。我该怎么办?

这种情况在B2B销售模式中比比皆是,客户提出一些有点过分的要求,销售人员接不接招?也就是这钱要不要花?花,你担心最后订单没拿到,钱白花,领导找你麻烦;不花,客户不满,没人帮你说话,订单成功希望渺茫,再说前面的2万多元算是打了水漂。你左右为难,遇到这种情况有没有套路可以借鉴呢?如果要花钱,关键是需要验证客户是否会帮你,可以从以下三个方面考虑:

(1)**他有帮助我们成功的动力吗?** 换句话说,他有没有帮助我们的理由,例如:对竞争对手不满、利益驱动(不限于金钱),甚至与你投缘都行,在本案例中刘科长似乎有个人利益的动机。

(2)**他在采购决策中有影响力吗?** 影响力也取决于其在公司的地位,在本案例中存在不确定性,刘科长与分厂副总经理的关系只是他的一面之词,需要通过其他途径证实。

(3) 他有帮助我们的具体行动吗？ 这点很关键，刘科长开了些空头支票，目前还没有实际行动。所以接下来是否花钱，首先要了解一下他与副总经理的关系是不是大学同学，对副总经理的影响力如何（老李是一个途径）。其次也是最重要的，是要求其承诺，前面我们曾经说过衡量拜访是否有效，能否将销售流程向前推进的方法是获得客户承诺以及客户投入。所以，你可以这么要求："刘科长，您看能否安排我们总监跟副总经理见一下面，这样我也可以跟我们领导申请费用，您看行不行？"如果对方同意安排并约定了具体的时间，那这个钱就应该花；如果对方婉言拒绝或者不明确表态，为了不得罪对方，可以再用第二招，"刘科长您看，千岛湖就不要去了，要不等项目完成了我们去趟新马泰如何？"第三招"哭穷"，"最近手头有点紧，上次的费用都还没报。"

52. 客户的话真的不能全信

一个女生对新交的男朋友说："我喜欢你，并不是因为你开着兰博基尼，住着海边别墅，而是那天阳光正好，你穿着一件我喜欢的白衬衫，对，爱情就是这么简单。"过了一个星期，女生对她的男朋友说："我离开你并不是因为你的别墅是合租的，兰博基尼是借来的，而是那天你穿了一双黑色的袜子，那不是我喜欢的颜色，对，爱情就是这么简单。"女生是否喜欢她的男朋友当然跟袜子的颜色无关，而的确跟兰博基尼和海边别墅有关，听话听音，锣鼓听声，有的人的话还要反着听，刻意否认的东西也许是其最在意的。

有人说，女人的心思最难猜，客户何尝不是呢？客户说："我们会平等考虑所有的竞标者。""你的价格太高了。""只要你们的价格再低5%，就跟你们签合同。"当客户还没有跟你完全建立信任关系的时候，对你说的都是套话，不要相信客户在办公室里对你说的话。

陌生拜访最常碰到的客户谎言是："目前不需要。""把资料寄来就好。"如果你信了，把资料老老实实地寄过去的话，客户是不会看一眼的："我们已经有供应商，我们对目前的供应商挺满意。"也许他想就此打发你："我很忙，没时间跟你谈。"或者"这次没时间跟你交流，下次再约吧！"

当然，你运气好的话或者你去的次数多了，客户对你说："我们最近确实有个采购需求，要不你来一趟。"你欣喜若狂地到了客户那里，客户说你马上做个方案报个价，还着急要，然后呢，报完就没有消息了。客户其实是把你当备用人选，帮自己把那个选定的供应商的价格压下来；或者拿你凑数，老板不允许只与一家供应商接洽，所以找你来凑数，其实现有的供应商关系很好，怎么会轻易换掉。

还有第二种情况，倒是不轻易要你马上报价，客户会花时间跟你沟通技术细节，有的时候会就某一个功能和参数跟你探讨，其实有可能现有供应商忽悠他，他心里没底，客户本身不专业，想找一家专业的供应商免费咨询。

过了一段时间，你又去找客户，问客户情况如何？什么时候签合同？他会说："都交给领导审批了，这阶段领导比较忙，还要等等，不过我觉得你们希望还是挺大的，大家对你们的感觉还是很好的。如果价格上能再优惠一些，希望就更大了，你们的价格还有没有优惠啊?"请注意这是给你打预防针了,如果到时候不成功,他就有理由了!毕竟客户对业务员还是有负疚感,要给自己找点心理平衡:没成交确实是价格问题。这时候,业务员其实也隐约感觉有点不太对头,但往往宁愿假装相信订单还有希望。客户不会明确告诉你真实的情况,会给你希望但不会给你明确的承诺,因为还没到最后时刻,这出戏还要你陪着演下去呢!

最后,领导过问了:"小王,那个项目怎么样了?"你只能再去找客户。这时候,客户可能不接电话,给他发消息也是很久才回,不是说在开会就是手机没电,明显在躲着你,也许他已经和供应商签订了合同。被你追得实在没有办法,这样对你说:"感谢你们的支持,你们很有实力,也确实很优秀,但出于综合考虑,很遗憾本次采购决定不选择你们,希望下次再有合作的机会。"或者会私下跟你说:"如果你们的价格再低一些,希望就大了!""这是领导的意思……"你怎么跟领导汇报?"我们价格太高了,如果……"

八
谈判技巧

——大客户销售这样说这样做

53. 销售谈判的四个双赢思维

你服务的公司可以从以下三个方面提高利润：
1) 销售人员卖出更多的产品；
2) 不断降低产品制造成本和其他营运成本，包括营销成本；
3) 以出色的谈判技巧使同样的产品卖出更高的价格。

很明显，相比前两点而言，成功的谈判是提高公司利润更为便捷的方法，设想一下，如果企业的净利润是5%，底价100万元的订单谈到105万元成交，相当于做了两个100万元的订单。但很遗憾，大部分企业似乎对每年的销售增长率或扩大市场份额感兴趣，而销售人员由于缺乏谈判技巧，往往在涉及价格的谈判中败下阵来。以下是销售人员在销售谈判中应该掌握的四个思维。

（1）让成交在谈判开始前结束。

某关键客户按照习惯要求我们公司降价，某年8月份市场行情呈下降趋势，我们公司在前一年价格的基础上稍微降价，但客户仍然不满意，仍在要求我们配合降价，9月份原材料涨价幅度较大，原料紧缺，很多客户面临停产，我们在市场行情紧张的情况下，仍然保障了该客户的供应，该客户的上级领导很感动，表示愿意与我们公司开展更大的合作，从此再没有提过降价事宜。

销售的目标是让客户尽可能认同我的价值，当到达这样的程度，客户有明显的购买欲望，我的产品是第一选择，这才能进入谈判过程。所以,如果说销售像是追求美女,那么谈判更像是婚前协议。销售是让客户决定是否购买;谈判是让客户以什么条件购买,没有销售的前提,建立信任、了解需求、呈现价值、处理异议,销售人员的谈判将会变得很艰难。

(2) **需求不同各取所需**。你想要的未必是对方想要的或不是对方最需要的,关键是你必须清楚需要什么,不需要什么。**列出你的目标清单,确定优先顺序,决定可让步条件,同时了解客户需要什么**。如果需求错位就能各取所需实现双赢,这是谈判中最理想的情况。

客户:需要零库存,发货及时;缺乏检测设备,所以要性能可靠的产品;我们技术薄弱,需要你们的技术支持。如果能做到这些,价格好说!

供应商:这些我们都能做到,但价格要高一点。

客户:价格一定要低!

供应商:价格好商量,但付款要及时,能否签长期合作协议?

(3) **着眼于利益,而不是立场**。

基于立场就会针锋相对、各不相让,着眼于保护双方的利益,就能找到解决分歧的办法。

供应商说:"必须现款现货。"客户说:"一定要60天账期。"这是双方的立场不同,使谈判陷入僵局。

解决方法一:现款现货,客户担心的是你出门不认账,因此可以为客户设立无理由退款的条款。

解决方法二:同意60天账期,供应商担心客户不给钱,所以要客户办理担保抵押手续并承担利息。

（4）价格不是谈判的全部内容。 价格通常只是用于实现目标的手段，目标是实现更高的价值或者利润，而不是在价格方面取得胜利。换句话说买方希望物有所值，客户不是买便宜而是要占便宜；卖方希望在交货数量、发货日期、服务内容、质量要求、合同期限等方面达成协议或者在未来创造机会：未来订单、实现关联销售、树立样板客户。因此，把单一目标尽可能分解成多重目标，以利于交换，最终买卖双方实现双赢，即使供应商不能在本次谈判中获取多的利润，也可以在未来的订单中获取更多利润，尽量不要陷入价格的拉锯战。

54. 销售谈判的八条锦囊妙计

（1）开价一定要高于实价。 也许你认为这个技巧很初级，但真的有许多销售人员是怕报高价的，他们害怕在首轮谈判中就被淘汰出局而永远失去机会。如果你对报高价心存恐惧，那看看以下理由：

1）高价可以留有一定的谈判空间，你可以降价，但不能涨价；

2）你可能侥幸得到这个价格（在资讯发达的社会可能性越来越小，但试试又何妨）；

3）这将提高你的产品或服务的价值（尤其是对不专业的客户）。

除非你很了解你的谈判对手，在无法了解你的谈判对手更多的情况下，开价高一定是最安全的选择。同质化的产品也应该开高价，只是高多少的问题而已，高到你能对客户做出合理解释为止（给出高价的理由），高到客户不特别喜欢但会与你继续谈判为止（不把门关死，给对方留有回旋余地）。

（2）永远不要接受对方第一次还价。

理由一：请重温销售技巧第一条。

理由二：轻易接受买主的还价导致他产生疑惑："是不是还没有到价格底线啊？"反而不容易与客户成交。

不接受第一次出价的最好策略是对还价表示惊讶，买主也许没指望得到他们所要求的价格，如果你不表示惊讶，那就是说有可能得到。然后用虚设上级领导做掩护："无论买家还价是多少，我都不能接受，我得跟领导请示一下。"

（3）虚设上级领导。

销售员对销售经理说："请给我更大的价格权限，我绝对可以做笔好的生意。"

买主面带微笑对你说："我猜你就是有权最终决定这个价格的人，不是吗？"你还扬扬自得。

把自己当作决策者的销售人员等于把自己置于不利地位，聪明的谈判者不让步又给自己留有余地，将客户苛刻的要求推给虚设领导，同时又让客户感觉接近价格底线，增加其满足感。但不要让买家知道你要让领导做最后决定，为了避免买家跳过你找你的领导，你的领导应该是一个模糊的实体，例如委员会、董事会，而不是具体的个人。

（4）除非交换决不让步。销售人员常犯这样的错误：为向客户表示友好，还没等对方开口，就迫不及待地把价格降下来，没有交换的让步等于白白让步，任何时候不主动让步，即使对方要求小的让步，你也应该索要一些交换条件，例如：客户说价格再低一点，那你的交换条件就是付款是否可以快一点。

理由一：你可能得到回报。

理由二：可以阻止对方无休止的要求或者让对方欠你一个人情。

如果实在要主动让步，也请在让步前加"如果"，"如果贵公司能同意采取现金付款的方式，还可以有1%的折扣。""如果今天签合同打预付款的话，我们可以同意这个价格。"

（5）声东击西。在谈判之前，先列出一长串的要求给对方，如价格、付款条件、订单最低量、到货时间、包装等，仿佛你非常在意这些问题与要求。坚持你要坚持的条件，例如价格、付款条件，仅对无关紧要的条件做让步，例如到货时间、包装等，以小换多、以虚换实，使对方增强满足感。

（6）让步技巧：

1）不做均等的让步（心理暗示买主让步可能无休止）；

2）不要做最后一个大的让步；

3）不要因为买主要求你给出最后的实价你就一下子让到谈判底线。客户会这样想："太容易得到，是不是还没有到价格底线啊？"

4）正确的让步方法：逐渐缩小让步幅度，暗示你已经竭尽全力，接近底线了。同时在不太重要的问题上让步；说明让步困难，不在公司允许范围之内。

（7）黑白脸。同两个或更多的人谈判的时候，你要当心。运用黑白脸的策略可以有效地向对方施压，又不会导致冲突。把买家任何感情的流露都看作是谈判策略。"我可能要离职，将会有强硬的人参与谈判。"

（8）小恩小惠。如果实在没法让步，在谈判最后时刻用小小的让步来安慰买主，减轻他输给你的感受。时机比让步多少更为重要，让步可以很小，但仍然十分奏效。

55. 识破客户在谈判中的十大谎言

客户与供应商既是合作关系，也是竞争关系，双赢当然是最理想的状况，但在商言商，谈判中双方免不了有利益上的冲突，客户出于获得更有利交易条件的目的，会故意给供应商提供一些错误的信息，作为供应商一方的销售人员要有清醒的头脑，对客户的话不可不信，也不可全信，销售人员需要具备准确的判断力才能在谈判中立于不败之地。以下是客户在谈判中经常会说的谎言：

（1）**我只能付给你这么多钱**。客户对你说预算不够，只能付给你这么多钱，有可能是真的缺钱，也有可能只是一种谈判的策略，希望以此来压你的价。对于前者，供应商可以通过减少产品功能配置、降低型号级别、提供新的财务方案，如分期付款或者租赁，甚至通过说服客户高层提高预算来完成交易。对于后者，则不要受对方报价数字的影响，这只是对方的开价策略，销售人员要理直气壮地提出自己的正常报价，强调自己的产品报价是市场上的主流报价（不高也不低），然后在你的报价的基础上与客户进一步谈判。

（2）**我从别的供应商那里可以拿到一样的产品，价格更低**。遇到这种情况，问一下对方所提及供应商产品的品牌定位，要搞清楚跟谁比。忽略品牌定位来比较价格是不公平的，奥迪和奥拓能在一起比吗？同时，你的第一反应应该是：既然客户可以以更低的价格获得完全一样的产品，为什么还要在这里浪费时间呢？

答案可能是：

1) 根本不存在这样的低价；

2) 确实存在这样的价格，但是产品质量、服务无法满足客户的需求；

3) 其他供应商拒绝给他供货也许是因为货款的问题。

（3）第一次合作价格低一些，以后我们将根据你们的表现决定是否提高价格。 客户只是给你心理安慰，只不过有些销售人员也需要这样的话自我麻醉。况且价格高容易调低，但价格低要提升则要困难得多！因此，坚持在你最初报价的基础上与客户谈判或者以更有利的付款条件、更多的订单份额、长期合作等实质性的好处作为交换条件。

（4）低价中标，价格是我们选择供应商最主要的因素。 价格当然是客户采购中考虑的主要因素，但绝对不是唯一因素，价格只不过是冰山一角，是客户拿来说事的，质量、服务、品牌、更换供应商带来的风险，客户不会跟你说，但绝对是客户采购中必须考虑的问题。大客户采购，因为产品质量、服务的不到位造成的损失绝对是价格低所不能弥补的，况且由此造成对其个人职位和仕途的影响，也是采购当事人担心的。当然，不排除在所有供应商中除价格以外其他因素几乎一样的情况，这时价格就变成唯一考虑的因素，如果确实是产品同质化且是低价中标，而你又不愿意放弃这样的客户，那就设法以"最优最低价"成交，即价格比竞争对手低一点，也体现了销售人员的价值。

（5）透露竞争对手的报价，并出示书面文件。 有时候客户为了证实竞争对手确实比你报价低，会有意出示竞争对手的书面报价，以此来让你降价，这多半是心理战。有些客户在谈判中会故意借机离开谈判桌而把报价单留在桌上，引诱你相信这是一份真的报价单而促使你降价。当然，也不排除报价单是真的，但当你新的价格提交后，客户极有可能拿着你的报价单去压另一个供应商。因此，提交新的价格前一定要向客户表明，如果马上能签合同，才能接受更低的价格。

(6) 亏得是跟我谈，如果老板出面他绝对不会同意这样的条件。注意：对方用的是黑白脸战术，让你感觉他在帮你，当前是最好的选择，你要赶快决定，以迫使你接受他的交易条件。不要抱有任何幻想，如果你真的相信对方会帮你，请给对方找一个帮你的理由。

(7) 抱怨你的产品质量和服务问题多。部分销售人员对大客户的态度过分谦卑，对他们的一些无理要求和指责只会点头称是，从不提出反驳意见，没有勇气反驳客户无端指责的销售人员，肯定会在生意中甘拜下风，最终向客户做出种种让步，损害到公司的利益。以柔克刚是对待这类客户的不错选择，不做辩驳只是微笑，但你心里很清楚，不会因此而让步。当然也有客户抱怨的情况属实，那就虚心接受，及时向公司反馈，限期整改，给客户一个交代。

(8) 我们准备采购更多，你们报一个新的价格吧。这是客户惯用的招数，用一个虚拟的筹码来换取你的让步。销售人员应该要求客户提前支付部分货款以保证未来订单的实施，至少也以书面形式的订单进行承诺，如果达不到规定数量，则维持最初的价格。

(9) 这个价格你们做不做（极低价格）？请立刻决定，否则我们跟别家谈了。遇到这种情况你真正要担心的是：你如果答应了客户的要价，客户可能还是不跟你签约，客户拿着你的价格再去压另一个供应商，几个回合下来，把你的价格压得很低。怎么办？你不妨这么对客户说："如果我同意这个价格，你能不能立刻签约？"如果对方同意那就签约，如果对方说还得跟领导商量，那就是谎言。

（10）如果你们不同意我们的付款条件，就没有必要浪费时间。 即使对方声称某个问题不能谈判解决，也不必就此作罢，不妨从最容易的条款开始谈判，慢慢与其建立感情，客户也许会回心转意。

56. 客户要你先报价怎么办

一天我在某品牌鞋店看中一双皮鞋，但觉得价格有点贵，便问营业员能否打折，营业员训练有素地问道："你喜欢这款吗？""不错，就是太贵了，能不能打折？""你先穿上试一下。"营业员一边取来皮鞋一边夸我好眼光："这款皮鞋是小牛皮，是一双透气好会呼吸的皮鞋，而且采用全皮革衬里，最关键是全意大利手工缝制。"这么好的皮鞋穿在脚上我再谈折扣感觉底气不足，营业员也为难地告诉我这是最新款不打折。营业员在提醒我皮鞋的价值前，并没有跟我讨论产品折扣问题，这是她的高明之处，先讲价值再谈折扣。

首先，客户太早问价格，主要原因是你太早说产品。销售前期的主要动作是搜集客户信息，剖析客户现状，了解客户问题，而不是介绍自己的产品。如果你不关注客户需求，忙着推销自己的产品，客户的反应是：你说产品好，那价格是多少？所以，避免客户先谈价格的最好办法是先谈市场趋势，竞争对手的状况，客户的战略目标，客户经营中是否存在利润下降、产品竞争力不足等问题。例如："张总，在控制产品质量的稳定性方面你们碰到了哪些麻烦？服务方面有没有特别需要改善的地方？"总之一句话：忘记你的产品，聚焦客户问题。

其次，对于一个不了解产品价值的客户，任何报价都高，因此在正式报价以前还应该针对客户的问题和需求，呈现你公司和产品的价值。公司价值包括：企业如何为客户创造价值，企业有别于竞争对手的核心竞争力，企业在哪些方面拥有很好的声誉。产品的价值包括：产品的质量和售后服务如何为客户降低成本、提高效率，即达成交易对客户有什么好处。客户不是买便宜，而是要占便宜，当客户获得的价值大于购买成本，他们购买产品就变成顺理成章的事情。因此一般在报价前你应这么说：

1）我们的品牌市场份额第一，行业的成功案例很多；

2）市场数据显示我们二手设备的残值要比其他商家高20%左右；

3）我们的零库存物流方案可以为贵公司降低2%的采购成本。

除了向客户呈现价值，还要提示风险，未达成协议对方有什么麻烦？采用新品牌的不确定性、换供应商的风险、关键设备失灵造成的重大损失，尤其是大订单采购，客户最关心的问题不是价格，也不是价值，而是风险。当一个客户因为错误的购买行为而造成损失，客户为修正这个结果而付出的代价将远远超出购买成本。因此要提醒客户存在采购风险，价格只是采购的一个因素，不应该是唯一因素。

你可以采用以下几种提问方式，提醒客户存在的采购风险。

1）产品质量不稳定，会带来多少成本损失？

2）缺乏准确度高的检测设备，食品的安全性得不到保障，这对企业意味着多大的风险？

3）供应商供货不及时，对工厂的生产有什么影响？

4）原材料的损耗过大，直接导致生产成本居高不下，最终丧失竞争力，不是吗？

除了向客户呈现价值、提醒风险以外，还要为客户建立合理的价值评价体系，重构其采购标准。"您是如何定义质量的？关于这点您能详细说吗？"引导客户对质量做重新定义，客户也许会说："只要满足国家标准就可以。"那你接着说："您有没有考虑到能耗、环保成本，还有使用寿命？"引导客户多维度关注产品质量和服务，为未来报价打下伏笔。

客户坚持先问价格确实难办，因为你并没有建立价值优势，客户认为所有的产品同质化无差别，你的任何报价在客户眼里都高。那怎么办？首先，你最好采取一些模糊的报价策略："张总，其实现在的价格都很透明，想报高价也不现实，放心，我一定给您一个最优惠的价格，您先试试这个车，感受一下！"如果客户要求明确报价，最好只是报个区间价，你可以跟客户说："现在仅仅是开始，工况不同，需求不同，配置不同，价格也就不同。"如果客户坚持问价格，就报一个大致估计的价格或者不超过市场行情的价格，这个价格可能比最终报价要高。然后显示价值，提醒风险，重构客户评价体系。

57. 开价后客户的四种反应与应对策略

开价高于实价这是人人皆知的最基本的谈判策略，基辛格说过："谈判桌上的结果取决于你的要求夸大了多少。"除非你很了解你的谈判对手，在无法了解你的谈判对手更多的情况下，开价高一定是最安全的选择。其他会影响你开高价的因素有：和客户未来有合作机会吗？是否有足够筹码？有没有二次报价的机会？产品的差异化大吗？即使同质化的产品也应该开高价，只是高多少的问题而已。

那到底高多少合适呢？理论上是这么说的：高到你能对客户做出合理解释为止，高到客户不特别喜欢但会与你继续谈判为止。这只是一个原则，实操这就难了，所以谈判就是一个互相探询摸底的过程，开始时不露声色，了解客户所有的谈判要求，验证对方的目标、优先顺序、底线，然后通过沟通、协商、妥协，最终达成协议。

当你首次报价以后，客户一般有以下四种反应：

（1）**离场、拒绝再谈**。客户说："你抢钱啊，一点都没诚意！"你这么说："陆总，那您觉得什么价格比较合适呢？"把球踢给对方，当对方给你的还价和你的价格底线差距不大，就可以继续谈，其实对方的还价也不是他的底价，还有一定的谈判空间，利用交换和虚设领导等策略，最终有可能在你的价格底线以上成交；如果对方的还价太低，远远低于你的价格底线，你不妨礼貌地放弃，也许这个客户本来就不是你的目标客户。这样的客户往往是陌生客户，导致开价和还价双方的价格差距过大，但谈判就是一个双方磨合的过程，能合作的最好，低于价格底线太多也应大胆放弃。

（2）**"太贵了。"** 这是最常见的情况，也是客户的正常反应，通常销售人员是讲价值、质量和服务，但有个前提就是客户对你的价值不认可、不了解。客户说太贵也许还有其他原因，要了解客户说太贵的原因，"我能问个问题吗？为什么说我们的价格更高呢？是……原因，还是其他原因呢？"如果预算不够，可以减少功能配置，降低型号级别，提供新的财务方案，修改预算。其他供应商报价更低怎么办？可以讲你的品牌价值和定位，也可以向客户介绍使用成本和购买成本概念。如果只是客户的谈判策略，那就用我们前面讲过的谈判策略和技巧：开价高于实价、不接受对方第一次还价、虚设上级领导、除非交换决不让步等。

（3）没有反应。当客户没有任何反应时，销售人员通常的反应是心虚，"是不是价格太高了？"哪怕你心里真的是这么想，也不要说出来，客户不说话有可能你的价格正合适，他心里其实已经接受，只是现在不便表态，因为还要跟领导汇报。也许他心里没底，还想再询价。这时候你如果说："是不是价格太贵？"他肯定说："是啊，确实贵！"当然还有一种情况是客户完全不接受你的报价，报价和其心理价位相差太大，但不好意思说出来。问题是你也不知道客户属于哪种情况，所以，你要探他的底："您究竟还要考虑什么？""假如签约……如何合作？"等了解他的真实意图后再进一步沟通也不迟，如果是前者那皆大欢喜，如果是完全不接受报价，再采用第一种反应的对策。

（4）立刻接受。你报价，对方立刻接受，这种情况不常见，除非是老客户，彼此了解（你知道对方不会还价，对方认为你诚实，大家不再浪费时间讨价还价），还有就是价格非常透明。除此之外，你一定在想：什么情况？是不是我报的价格太低了？如果你认为与对方没有再次合作的机会，你可以补充说明："但是，陆总，这个价格是要现款现货的，或者需要签订3年合同，是有量的要求的。"

58. 谈判中的问、听、答与拒绝的策略

谈判中要熟练运用各种策略。

（1）谈判中提问的注意事项：

1）事先设计好问题。 有经验的谈判人员往往事先设计好问题，先提出听起来很一般的问题，如果对方不假思索地回答，很可能已经承认某种逻辑，这时再让对方回答重要问题，对方只好按照这种逻辑回答，或许这个答案正是我们需要的。

销售人员：贵公司按时付款没问题吧？
客户：当然没问题。
销售人员：如果不付款罚款要写在合同里，可以吗？
客户：可以。
销售人员：你看罚款是按天还是按总额计算？
客户：都行吧。

2）提出问题后闭口不言。 谈判中有一种说法是谁先说话谁先死。谈判要了解客户的谈判要求，验证对方的目标、优先顺序、底线，对方说得越多我方了解的信息就越多。当客户已经回答了你的提问，你继续保持沉默，对方可能会觉得是不是我还没解释清楚啊？所以继续解释。你可以用鼓励性的肢体语言和对方互动，表示你希望他说得更多，客户实在不想说的时候，你也可以补充提问："我的意思是……我希望更多地了解……"

3）对方回避不答，待合适机会再继续追问。 如果对方回避不答，这时不要强迫，要有耐心，等待时机到来时，再继续追问，连续发问会让对方产生防范心理。我们也可以转换一个角度，并且用十分诚恳的态度来问对方，以此来激发对方回答的兴趣，例如：当要摸清对方的底线，直接问对方肯定不会告诉你，不妨用一个假设的问题投石问路，你可以这样问："如果我们同意你的要价，可以给我们的订单金额最多是多少？"或者"如果同意你们的付款期限，你们能接受的最高价格是多少？"

4）重复提问同一个问题验证对方回答的真实性。同样的问题重复问几次，真实的回答前后一定是一致的，当对方的回答前后不一致，说明他的回答有问题。当然同一个问题可以有不同的提问方式，例如：当询问对方的年度总供货量后，在适当的时候询问其每个月的实际供货量，就能判断他回答的真实性了。

5）用一个答案已知的问题来验证对方的诚实程度。对方的诚实程度可通过问一个你已经知道答案的问题来进行验证。这样做可给对方一个暗示，即我们对整个交易的行情是了解的，对方的信息我们也充分掌握，从而在谈判中占据主动地位。

（2）谈判中回答的注意事项：

1）回答前留一定的思考时间。商务谈判中对方所提出的问题，必须经过慎重思考再回答。对方一问，急着回答，很可能说错话导致自己被动。

冲动是魔鬼，遇事不着急，在对方提出问题之后，可通过喝一口茶，调整一下自己的坐姿，或翻一翻笔记本等动作来延缓时间，考虑一下对方的问题，这样做既能给自己思考的时间，也显得自然得体。

2）搞清对方提问的目的和动机。谈判者在谈判桌上提出问题的目的往往是多样的，如果我们没有深思熟虑，弄清对方的动机，按照常规来做出回答，结果可能很糟糕。例如对方先问你在某个行业有没有成功案例？某公司是不是你们的客户？如果你说："是的，行业很熟悉，和某公司合作很久。"而对方恰恰忌讳使用竞争对手的供应商。这时你最好了解对方真实意图："您对这个问题这么关注，有什么特殊原因？"了解情况后再回答比较妥当。

3）需有足够数据支持我方立场。回答问题、阐述立场需要数据支持，否则你的回答就很空洞，没有任何说服力，在谈判中也达不到争取己方利益的目的。

A：老王，你这个零配件怎么比那个贵两倍？

B：严总，这个零配件是那个的升级版，把按键改为触控，看上去很高档，也很方便。

A：你别忽悠我，我知道触控只是把弹簧改成电阻，成本最多增加5元。

B：你这么了解，我再去问工程师，看能否降价。

4）有些问题不必回答。谈判中并非任何问题都要回答，对方想了解我方企业、产品、谈判条件或底线等，应视情况而定让对方了解，对于那些我方需要保密的信息，如谈判的底价，可不予回答。当确实不能拒绝回答时，经验丰富的谈判人员往往在谈判中运用模糊回答："放心，一定给您一个优惠价格。"也可以避正答偏，讲一些与此问题似有关又无关的事情，看上去回答了问题，其实并没有回答，或者答非所问也是一招。

5）不清楚的问题坚决不回答。谈判中尽管我们准备很充分，也经常会遇到陌生难解的问题，这时，谈判者不能为了维护自己的面子强行答复，因为这样做极有可能损害自己的利益。

我国某公司与外商谈判合资建厂事宜，外商要求减免税收，中方谈判代表恰好对这方面的政策不太了解，可为了签约而盲目答应，结果使中方陷入十分被动的局面。

对于不懂的问题，谈判者应坦率地告诉对方不能回答或暂不回答，以避免自己付出不必要的代价。

(3) 谈判中拒绝的注意事项：

谈判中拒绝是一门学问，你可以直截了当地拒绝对方的谈判条件，但有时为了照顾对方的情绪，避免对方不快，拒绝对方时态度要诚恳，同时以行业内的惯例、公司制度所限或者自己的权力有限等作为拒绝的理由。"张总，您要求的45天付款周期实在没法做到，行业内都是现款现货，不瞒您说，像您这样的重要客户，我们公司规定最多15天付款周期。"有时为了避免直接拒绝对方的尴尬，也可以提出对方无法接受的条件，让对方知难而退。另外，拒绝要有数据支持，告诉对方原料的价格、人工成本、日常运营费用、折旧费和税费，再加上售后服务的成本，他要求的价格确实无法覆盖正常的费用，请其谅解。

(4) 谈判中倾听的注意事项：

用积极的肢体语言、鼓励性语言的回应、沉默等倾听技巧，鼓励对方提出所有的条件，不要急着回应，谈判开始时不露声色，了解客户所有的谈判要求。如果你在弄清楚完整的谈判要求之前对客户的每一个要求加以处理，你就会失去控制交易的机会，客户谈完价格谈付款，谈完付款谈产品质量、售后服务，最后你被迫让步。

59. 谈判中如何问出高质量的问题

谈判中的沟通行为统计数据显示，谈判高手与一般谈判者最大的区别在于提问的数量和质量，一场谈判中谈判高手的提问数量占整个沟通行为的21.3%，而一般谈判者的提问数量只有9.6%；前者确认回答以加深理解和总结占17.2%，后者只有8.3%。除了数量外，谈判高手往往也能提出高质量的问题，可以说谈判高手也是提问高手。那么在谈判中，销售人员如何有效地提问呢？一般谈判中经常用到以下八个关键问题。

（1）了解型问题：在谈判初期，销售人员主要是探询摸底，了解客户所有谈判要求，同时试探对方的谈判底线。例如："关于合作您有什么建议吗？您最关注和最想解决的问题是什么？您能排个顺序吗？能否告诉我您可以接受的价格底线是多少？"了解客户需求真正的原因，例如："您刚才谈到您对服务条款比较感兴趣，有什么具体的原因吗？"谈判期间销售人员最好少说话，以积极的肢体语言如点头、鼓励性的语言"我理解"回应，摘要复述客户的话，适当做笔记等，鼓励对方多说。

（2）追问型问题：当客户开始提出谈判要求的时候，不要忙着回应，让客户说出所有交易条件，例如："除了价格以外，还有什么问题需要解决？您能说得具体一些吗？"如果你在弄清楚完整的谈判条件之前对客户每一个要求都加以处理或回应，你就会失去控制交易的机会，原因是客户会各个击破，先谈价格，再谈付款，最后再提出质量要求，到时候你发现所有的条款都得让步，就非常被动了。正确的做法是让客户说出所有交易条件，用一些对你相对不重要的让步来交换我方重要的条件，例如：用价格来交换付款条件。

（3）假设型问题：先提出一个假设型问题试探对方，如果对方接招可以继续讨论，如果对方不接招，也可保留谈判初期提出的条件，避免无意义的主动让步。例如："如果贵公司同意采取现金付款的方式，还可以有1%的折扣；如果签订三年合同，我们愿意考虑你们的条件。您看如何？"

（4）风险型问题：提醒客户不合作存在的风险，例如："缺乏准确度高的检测设备，食品的安全性得不到保障，这对企业意味着多大风险？""供应商的供货不及时，对工厂的生产有什么影响？"

（5）引导型问题：用一个对方无法拒绝的理由，引导客户达成共识，例如："这样的交易条件对你我都有利，不是吗？""如此关键的部件，质量的可靠性才是考虑的主要因素，不是吗？"

（6）确认型问题：如果对方提了一个建议，但你感觉不太明确，必须弄清楚客户的真实意图，避免对谈判条款中的理解出现偏差，否则将会使自己十分被动。

客户：如果你们能提供和目前供应商一样的服务，我们可以考虑把供应商换成你们。

销售人员：我们可以月结或按季度结账。

客户：我们乐意接受这样的结算方式。但结算方式不是我们考虑的重要因素，我们关注的是交货方式。

据统计，谈判高手与一般谈判者的区别在于确认回答以加深理解的数量，前者是 9.7%，后者只有 4.1%。例如："那么您的意见是：首付 40%，项目完成一年内再付 60%，我的理解没错吧？""本次采购在其他条件接近的情况下主要还是看服务和价格，我的理解对吗？"

（7）承诺型问题：最后用一个承诺型问题要求成交，"是不是除了价格，其他问题都已经解决了？今天能签约吗？"问这样的问题还有一个好处，确认只有一个价格问题需要解决，再没有其他问题，避免继续纠缠。把球踢给对方，逼对方接招，如果接招就可以顺势成交。

（8）探询型问题：探询谈判当事人立场、品牌倾向等，例如："这事您怎么看？公司是如何考虑的？""我们以前的设备采购是如何决策的？"询问自己与竞争对手的差别，"您如何看待我们与贵公司正在考虑的其他供应商之间的区别呢？"

60. 应客户要求报价，没下文怎么办

我是建筑门窗五金配件供应商，一个项目的甲方以前一直用A品牌，我见到甲方负责人，据他透露，只要我们的产品质量和A品牌相同，价格合理，他们就可以将我们的产品写入标书，然后我们再签合同。结果我们的展板和报价单都送了，他却没有答复。于是，我在最近一次拜访中把一张购物卡夹在图册里送给他，他看到后表情有点难看，说要把图册还给我，我推给他就走了，其实我跟他还不是很熟。

另一个甲方，我去拜访他们的采购部主管，了解到他们是年度招标，他向我要了报价单及展板，送完展板后，我和他电话联系，他说认可我们的品牌并已写进标书，但我约他见面，他却不同意，就算在公司里面见面他也不同意，他还说如果我去多了他也烦，和他还不熟，就见过三次面。

对于这两种情况，报了价格没下文，客户不肯见面怎么办？这是销售人员经常碰到的现象，如何突破这样的销售困境？

其实销售人员要明白一点，靠送展板、报价做成生意的可能性是很小的。客户不会轻易更换供应商，除了价格以外其更多考虑的是风险因素，更换供应商对客户绝对是有风险的，他的领导可能会说："原来的供应商挺好，为什么要换？"客户对你不了解，万一出了问题怎么办？搞不好连当事人的饭碗都要砸了。再说还可能涉及个人利益，或许客户已经有谈得差不多的供应商。

客户不打算跟你做生意，为什么还要让你送展板、报价？被甲方当成备用人选是高概率事件，收集市场信息比价或者把你当成压价的工具，帮自己压下那个选定的供应商的价格。另外公司制度不允许只与一家供应商接洽，这是很多公司的硬性规定，所以找你来凑数。因为没打算用你，你直接送购物卡，客户肯定不敢收，你的成交意图太明显，怕欠你的人情，怕被你纠缠。所以，即便是送礼，也最好先从小礼品开始试探，如果客户连小礼品都不接受，大礼品怎么会接受？前期先送小礼品，客户的戒备心理也不会那么强，客户会觉得没有太大的利益牵扯，即使不能成交也没什么关系，然后再一步步与客户建立信任关系。

另外，如果某一客户以前从未与你合作，那么从他们的角度来说，合作就有着很大的风险，你价格的优势不足以打动这些客户，关键还是要让他们感觉风险很小。当然打消他们顾虑的方法有很多，你目前的成功案例、产品演示、检测报告等，但真的还不够。其实客户要减少使用新供应商的风险，最好的方法就是从小额交易开始做起。你可以先取得第一笔小额交易，并以此作为契机进入客户供应商体系，逐步建立信任关系，最终成为他的主要供应商，大单其实很多都是从小订单的合作开始。还有一种情况是客户目前的供应商搞不定订单，但这种订单往往是垃圾订单，但也是一个进入客户供应商体系的机会。

暂时看不到成交机会你也不要灰心，与客户保持持久的联系，慢慢建立信任关系，等待客户决策流程的改变、客户组织变化、需求改变，或竞争对手与客户关系恶化，质量与服务问题爆发。某公司销售经理说："销售人员要在客户与你的竞争对手合作出现问题时积极争取客户。"平时的感情维系会在那个时间段发挥作用。所以说甘愿做客户的备选对象，耐心等待机会，总有成功的那一天。

还有一种情况：客户项目一次性采购，礼物不收也不愿意见面。这其实反映了客户的态度，他不希望与你合作。这时候你要认真地考虑还要不要这个订单，因为接下来你的所有付出可能没有任何回报。如果你实在不想退出，至少换个客户角色去公关，在客户内部找到新的突破口。

61. 大项目销售的报价技巧

项目销售的时间跨度长，以大批量集团采购为主，单笔交易金额大，业主、设计师、承包商各方关系错综复杂，而项目销售的报价是决定整个项目销售成功与否的重要环节，稍有不慎便会前功尽弃。

（1）报价低就能赢得项目吗？ 有些销售人员认为：报价越低，项目销售失败的概率就越小。其实不然，项目销售有它的特殊性，报价高会导致销售失败，报价低更容易导致销售失败。为什么？对承包商或安装公司来说，他们最关心的是利润，除施工安装费这一块，材料费差价是其重要的利润来源，如果厂家不能保证业主报价和承包商或安装公司报价之间有足够的材料费差价的空间，承包商肯定会使出浑身解数拼命抵制该厂家的产品。项目销售中反对的声音越少越好是黄金定律，所以给承包商合理的利润空间，只要他不反对用你公司的产品。我们得出结论：正确的报价体系和合理的价格最可能赢得项目。

此外报低价可能使你们公司正在进行的其他销售活动处于被动状态，也会影响将来的项目销售，因为低价的信息最容易传播。报高价也许会造成单个项目丢失，但报低价会冲击公司价格体系，进而对品牌形象造成恶劣影响。如果一定要报低价，应尽可能缩小范围，或作为特例处理。

（2）关注竞争对手的动向。竞争对手的工作方式、个性和习惯，也会影响你的报价策略。你的竞争对手是善于打价格战，还是永远把利益放在第一位？你的竞争对手正在干什么？下一步他可能干什么？这些都是你在报价前需要考虑的问题，"知彼知己，百战不殆"，但有时出其不意地出招更能取得意想不到的效果。

A 公司和 B 公司各自代理相互竞争的两大一线品牌产品，是生意场上多年的竞争对手。但几年下来 A 公司代理的品牌在大项目的销售上屡屡得手，很重要的原因是 A 公司把 B 公司的底价摸得一清二楚，每次报价不多不少，只在 B 公司供应商的底价上加 5 个点。B 公司终于找到一个复仇的机会，在市一号工程的投标中，成功地完成前期销售策划，还争取到厂家的价格支持。A 公司故技重演，投标时仍在 B 公司底价上加 5 个点，B 公司以出其不意的报价在市一号工程中胜出。

（3）掌握报价的时机。最佳阶段：业主招标文件的制定阶段（一般是以初步设计为依据）；承包商或安装公司投标预算阶段。

业主招标文件决定该项目选用产品的档次、技术标准和预算等，如果在此阶段能影响业主，以你们公司的技术标准和报价作为招标文件编制的基础，对你随后的工作将是十分有利的，同时也是你与承包商达成价格默契的最佳时机。一些没有经验的销售员在拜访一些项目业主、设计师后对其主管汇报时常讲：这个项目还在招投标，承包商或安装公司还没有确定，还早呢。殊不知他可能错过了最佳报价的时机，待招投标完成后，业主即使对你的产品十分满意，但可能工程预算已经写入文件，再要改变就很困难了。

（4）购买方式对报价的影响。 要确认业主在材料采购中的操作方式和权限：

1）业主直接采购；

2）业主指定品牌承包商或安装公司采购；

3）承包商全权采购。

如果设计师是你的坚定支持者，设计单位权威度也会影响你的最终报价。

业主直接购买：报价只需适当考虑施工方的相关费用（有限的材料费差价，因为施工方对产品没有多少发言权），同时对业主的报价就有很大的自由度。

业主指定品牌承包商或安装公司采购：报价上就需与承包商或安装公司达成默契，给承包商或安装公司留出合理的材料费差价和利润空间。

承包商全权采购：这是厂家最不愿意面对的情况，所谓的技术解决方案和产品优点带来的利益对承包商的影响很小，他们最关心的是利润和付款条件，如此你就只能给他最低的价格。

（5）更灵活的报价方式。

1）口头报价有回旋余地，书面报价必须谨慎，除非是你的最终报价；

2）如果你的产品报价是由多个品类组成，选择市场透明度高的产品让利；

3）多个品类选择用量少的产品让利；

4）对长期合作伙伴给予优惠的报价；

5）付款条件好的给予优惠的报价。

九
最后成交

——大客户销售这样说这样做

62. 如何判断本次拜访是否有效

在简单的销售中，只有两个结果：成功地获得一份订单；没有得到订单。但大客户销售中却有四个结果：订单、进展、暂时中断、没成交（如表9-1所示）。

表9-1 简单销售与大客户销售结果对比

	简单销售	大客户销售	定义	举例
成功	订单	订单	客户很肯定的购买决定	今天要签一份购买订单
		进展	推动生意朝着成功的方向发展	（1）客户同意参加一个产品演示会 （2）让你见更高一级决策者 （3）来工厂参观考察 （4）客户邀请你参加投标
失败	没成交	暂时中断	没有具体的行动使生意有进展	（1）我们很感兴趣，下次有时间我们再谈 （2）把资料留下，如果我们想进一步了解情况，会与你联系 （3）产品不错，我会向总经理推荐
		没成交	客户明确表示拒绝，也包括拒绝下一次拜访或拒绝你见更高一级决策者	我们已决定与ABC签约

大客户销售从来不是一次拜访就能成交的，拜访周期有时是几个月甚至是几年，关键是每次拜访都能推动生意朝着成功的方向发展（就是进展），我们把进展和订单列入成功的范畴。同时，漫长的拜访过程中也有暂时中断，它和没成交一样，都意味着拜访的失败。

把暂时中断列入失败的范畴，也许你会认为这不公平，毕竟客户说了一些积极的话："我们很感兴趣""产品不错"等，但在经验丰富的销售人员看来，客户的潜台词就是"我没有兴趣，你可以走了，我不想见到你"。衡量拜访是否有效能否将销售流程向前推进，关键是获得客户承诺及客户投入。例如：销售人员调研客户讨论，客户审核方案，销售人员演示产品客户测试，最后确定时间签订合同。换句话说，就是客户承诺具体的时间，客户有具体的行动。接下来销售人员和客户要共同完成工作，我们称之为进展，而不是暂时中断（无时间承诺、无客户投入）。

需要说明的是大客户销售拜访中，仅有不足10%的销售拜访会以订单或没成交而结束，另外90%是以进展和暂时中断结束的。因此在大客户销售中，要求订单不是重点，重点是如何得到一个具体的客户行动和进展。使销售会谈有所斩获最有效的方法是：每次拜访结束提议一个承诺：向客户建议下一步的行动内容，将生意向前推进。通过承诺也能判断客户说的是真话还是敷衍你，例如：客户说："我们会优先考虑你们。"这句话无法判断真假，然后你问："你说的优先是指……""我们会在内部文件中标明优先顺序。""那这个文件大概什么时候下发，到时候能给我们一份复印件吗？""可以，下周五给你。"表明客户说的是真话，假如客户不明确给承诺，其有可能是在敷衍你。

以下是一个成功拜访的例子：

销售人员：陶院长，刚才您也提到对医院项目的需求和想法，接下来，您看是不是安排做一个调研，把咱们现在的门诊做个分析，然后制定一个解决方案？（**要求承诺**）

客户：调研和解决方案很有必要，迟早要做，不过现在正是春季，感冒的人很多，各科室也很忙，这样吧，具体情况你再和设备科主任沟通，你们也可以设计一个方案我们先看看，要有针对性。

销售人员：感冒的人很多，门诊业务是比较忙。要不这样，我们先把门诊部门排除，组织住院部门、医技部门的相关人员一起讨论建设方案，您看可以吗？（**要求承诺**）

客户：这样也行，你两周后等我通知，我先安排设备科发个通知，看看大家哪一天有时间，你看这样行吗？

销售人员：挺好的，那就这样，我过两周再向您确认，我这边也好回去准备。

63. 拜访结束前你需要对客户说点什么

这是一个销售人员急于求成，不恰当的沟通导致拜访失败的例子。

销售人员：张经理，你知道我们的产品是多么适合你，你可以在这里签字吗？

张经理：等一下，我还没有最终决定。

销售人员：张经理，我们的设备可以提高生产线的工作效率，如果你现在决定，价格优惠。

张经理：（明显不悦）目前不想买，本周也不会做任何决定。

销售人员：这种产品很畅销，如果等到下周，也许没有货。

张经理：（极不耐烦）我愿意承担这个风险。

销售人员：你是全额付款享受2%的折扣还是先付50%的货款？

张经理：（愤怒）我打算把你从我的办公室赶出去。

  大客户销售从来不是一次拜访就能成交的，拜访周期是几个月甚至几年，关键是每次拜访都能推动生意朝着成功的方向发展，即获得客户的承诺。例如：客户同意参加一个产品演示会，让你见更高一级决策者，来工厂参观考察，最终才能成功签订购货合同。因此，销售人员在拜访结束前说的话是决定你的拜访是否成功的关键因素之一。那么如何正确结束对话？

  首先，销售人员在与客户道别前，需要就此次拜访与客户的沟通过程进行总结，总结的目的是为了帮助客户聚焦此次沟通的核心内容，弄清楚客户的意图，锁定对方的真实需求，最终就需求与客户达成共识。例如你可以这么说："根据我的理解，您正在寻找操作更简单的机器，是这样吗？""您的意思是说降低机器噪音是您目前最关心的，是吗？""安装和调试时间必须在年底前完成，我理解的对吗？"如果客户的回答是否定的，继续弄清楚客户的真实意图，直到达成共识。这样做也可以体现出销售人员专业，工作态度严谨，让客户产生信任感。

  其次，向客户要求一个承诺。在实际销售中，往往是客户不断向销售人员要求一个承诺：今天要你报个价，明天要你送个方案。销售过程是一个需要彼此付出成本的过程，你必须最大限度地让客户付出成本，等他付出足够多之后，你们就在一条船上了。有的销售人员希望通过锲而不舍的工作来感动客户，获得承诺，但由于客户没有投入，你会发现成功率不高。你可以这样要求承诺:"机器的工况系数本周五前可以提供吗?""方便帮我引见设备科科长吗?""春节前签订合同,这样安排行吗?"当客户拒绝承诺的时候,你可以暂时放弃那个高的承诺,退而求其次要求一个低一点的承诺,例如,当客户表示不愿意为你引见某人时,可以要求客户提供某人的信息,以便于你前往拜访。因为心存歉意,这种情况下客户一般会帮忙,反之,如果不愿意帮忙则反映了客户不愿意合作的态度。

为了提高获得承诺的成功率,承诺必须是对客户有利的,而不只是对我方有利;要求承诺不要强人所难,必须是客户可以决定的职权和能力范围内的。例如:要求一个基层的工程师帮你约其公司的董事长明显是做不到的;也不要要求与客户流程不相符的承诺,如在客户收集信息阶段要求双方老总见面,这样会被对方拒绝。

最后,如果你与客户成功签约,在与客户道别前,不要忘记对客户的购买决定表示肯定,祝贺他做了一个英明的决策,同时感谢客户,说出你的感激之情并表示你很看重这笔交易,未来实施过程中客户有任何问题都可以随时与你联系。最关键的是不要忘记与客户讨论售后服务计划和细节,这样让客户觉得你是有始有终的供应商。还有一层意思是:使得客户专注于购买后的后续活动,而不是纠结于他的决策,避免其反悔。

64. 突破心理障碍,推动客户尽快成交的五种方法

几个月前,我碰到一位好友,见他心情不是很好,我便问

他:"发生了什么事?"他告诉我前几天去参加高中同学聚会,她也在那里,他的梦中情人看上去和以前一样漂亮。好友喝了一口酒壮胆,上前跟他的梦中情人打招呼,聊了几分钟,也许是酒精的作用,我朋友感觉放松了一些,不那么紧张了,便说高中的时候一直希望能约她出去。她说:"为什么不约呢?"我朋友说:"怕你拒绝。"对方说:"你为什么要替我说不?"是啊,答案除了"不"以外,还有"是",不问怎么知道答案呢?可惜现在问太晚了,人家已经名花有主了!我对朋友说:"太遗憾了,你不好意思下手,被说'不好意思'的人先下手了。"

其实,在销售工作中也存在类似情况,明明已经到了可以成交的地步,但销售人员的临门一脚硬是不踢,无非也是怕被拒绝,害怕万一客户说"不"的时候,就没有任何回旋的余地。想来好笑,谁给我们代替客户选择的权利,你有义务去问,而不是代替客户回答"是"或者"否"。销售人员除了不敢要求怕被拒绝,还有另一种状况,当客户已经有明显购买信号时,销售人员却还在那里喋喋不休。

销售人员:我们的解决方案能让您的成本降低20%。

客户:没想到它能给我们节约那么多成本!

销售人员:是啊,一年至少要省200万元。

客户:好吧,如果合作下一步该怎么做?(**客户发出购买信号**)

销售人员:我想到了对你们更有利的方案,再修改一下建议书。(**错过购买良机**)

客户:那好,本周五前能不能把建议书发给我?

销售人员:没问题。

如果客户采购流程确实到了最后阶段，你也找到关键决策人，取得了客户的信任，满足了客户的需求，也证明产品物有所值，同时客户也有解决问题的紧迫感，你就要大胆地要求签订单。虽然成交不是逼单，但也不是自然而然发生的，客户可能在最后阶段犹豫，永远不要期望客户能够自动将订单送到你的手里，除非你提出要求，该出手时就出手，否则就会错失良机。

客户在成交以前会有一些明显的购买信号：与你反复讨论产品价格；询问交易方式细节；提出"假如我要购买"试探性问题；了解售后服务细节；要求额外服务承诺；客户高层出面等。觉察到客户的购买信号，同时你在销售进程中处于有利地位，应速战速决，果断要求客户成交。

推动客户尽快成交有以下几种方法：

（1）交易选择法。"你看是下周二发货好，还是下周四发货好？你希望货物发到什么地方，A 地还是 B 地？"——让客户选择，其实主动权在你的手里，无论客户选择什么，结果都是成交。

（2）即时优势法。"因为最近货物的船期比较紧张，您现在下单我们能够保证在 2 月底以前到货。"——利用你当前掌握的优势资源促使客户尽快下单。在与客户交谈时要态度诚恳、语气委婉，如果换一种说法："船期紧张，如果现在不买，下星期货物价格会上涨。"这就变成了最后通牒，有点逼单的味道，可能导致客户反感。

（3）附加利益法。"厂家推出前 50 名购车额外获得 1000 小时的超值服务，名额有限早定早得，另外今天订车您还可以额外获得 2 万元的大礼包。"——当销售沟通差不多完成以后，客户最后又说价格是不是高了一点，你不要上当，其实对方内心已经认可，只是感觉价格有点瑕疵，这时候可以用最后一张牌策略促使其下决心成交。好牌不要全部打完，留一个王牌在最后，推动犹豫不决的客户下单。

(4) 附加订单法。"给您的新车再做个底盘装甲'防撞防锈隔音底漆'，您看好吗？"——附加订单可以促进交易，运气好还能实现交叉销售，如果客户拒绝附加订单一般不会拒绝主要订单。例如：底盘装甲交易不成功，一般会实现新车交易。

(5) 以退为进法。当客户说，你只要同意这个价格我就交易时，你说："您今天就决定吗？您的预算没有问题吧？您自己决定就可以吗？""是不是除了价格以外，其他问题都已经解决了呢？如果我们同意您的条件，今天能签单吗？"如果客户回答"是"，就可以签单了。

65. 成交前要锦上添花，切忌画蛇添足

一次，我来到水果批发市场，准备买一箱苹果回家，水果摊老板娘先让我品尝体验，我和她一番讨价还价之后成交，随后老板娘跟我说甜瓜不错，我就又买了一箱甜瓜。在满载而归的路上，我忽然有所感悟：我本来只买苹果，老板娘熟练地运用了交叉销售的销售方式，让我多买了一箱甜瓜。我很佩服老板娘，再一想好像甜瓜忘了跟她讨价还价。

所谓交叉销售就是当你买车的时候，销售人员对你建议："给您的新车再做个底盘装甲'防撞防锈隔音底漆'，您看好吗？"当你对一套西装比较满意并有意购买时，营业员说："这条领带

配上你的新西装真是完美的搭配。"或者当你购买设备时,销售人员推荐你买配件或延长保修周期服务。

如此做法有什么好处?首先,运气好的话能实现更多的销售,增加利润;其次如果客户打算买还没有最终决策时,附加订单还可以促进主要订单成交的成功率,客户拒绝附加订单,一般不会拒绝主要订单。例如:推销底盘装甲服务不成功,新车交易的成功率就增加了;顾客拒绝买领带,至少会买西装。这里面的心理因素其实与客户还价心理有关,退一步客户感觉会好一点。只要多说一句话,轻松提高营业额和客户成交概率,千万不要错失这样的成交前锦上添花的机会。

交叉销售最好的时机:客户准备购买或已经接受了你的产品,你也有把握客户会购买主要产品。或者客户前期对A产品使用很满意的时候,就是销售B产品的最佳时机。当客户还没有购买意愿或者购买意愿不强烈时,交叉销售往往会适得其反。

成交前锦上添花当然不错,但记住千万不要画蛇添足。

小李为客户提供的机器人生产线方案只聚焦在和客户曾经讨论过的问题上,没有涉及其他问题,"所有潜在的问题、障碍都被发现并且得到解决,这是一份有说服力的建议书。"小李正在演讲,采购团队的领导打断了他的话:"我们不需要再看了,项目可以往前推进。我们希望你们尽快完成这个项目,咱们把合同签了吧。"就在小李拿出合约的一刹那,他们公司的一个技术支持人员不假思索地脱口而出:"您应该了解,我们的数据库马上要升级,我们刚刚完成测试,最终版本会在60天内完成。"技术支持人员对未提及问题的描述使得之前本该赢得的订单突然之间取消,客户决定暂停签署合约。技术支持人员的回答让客户感到困惑,并且给他一个理由来推迟决策时间,最终使客户产生不从你这里购买的理由。

到了最后成交阶段，客户也有了购买意向，球就在销售人员的脚下，只要抬起脚将球推进门，就大功告成了，但销售人员的临门一脚在关键时刻往往出状况。第一种是不敢要求成交；第二种是话太多。客户已经有明确的购买信号，销售人员却还意犹未尽，怕产品的优势还没有完全解释清楚，还在不停地宣讲所谓的产品十大优势。在最后成交阶段要尽量促使成交，切莫节外生枝，销售人员任何画蛇添足的举动都会让客户放弃本来要购买的决定。

十 销售心态

——大客户销售这样说这样做

66. 如果有这些惯性思维,你离下岗就不远了

销售人员所具备的销售技巧、工作态度、个人天分,还有公司的激励制度是影响销售业绩的几大关键因素,但很少有人注意到,在销售人员脑海深处的惯性思维也是销售的大敌。每个人的惯性思维各有不同,旁人不易发现,有些老销售员更是将其视为宝贵经验,其实惯性思维对业绩有着负面影响。以下是销售人员的几种惯性思维,希望引起大家思索。

(1)不调查研究,主观臆断客户需求。

"某某客户肯定无法接受目前的报价。"

"他们是竞争对手的代理商,对公司的产品不会有兴趣。"

"他一定是想要好处费。"

这些销售人员不提问不倾听,仅靠以前的经验或干脆主观臆断客户需求,老销售员甚至比新销售员更容易犯这个毛病,如果你问他:"你是如何知道的?"他多半答不上来。

(2)姿态过低,对客户谦卑有余。

"客户是我的衣食父母,对父母当然要恭敬有加。"

一个在客户面前只会唯唯诺诺、低声下气的销售人员反而做不成生意,就是做成了也得不到客户的尊重,"我是赏饭给你吃的"。商业的本质是价值的交换,你和你公司的产品有价值,能满足客户需求,客户就会为此买单,就这么简单。

(3)与客户个人关系高于一切。

"要做好业务,必须与客户成为朋友。"

无法否认个人关系在生意中所起的作用，但不要将其无限放大。客户可以为价值买单，不会仅仅为信任买单，商家看重的是利益，只是表达方式各有不同。

（4）盲目相信金钱的力量。

"成功销售最有效的手段其实是满足个人利益，人都是贪婪的。"

其实一个成功的销售人员从来不会把它作为自己的销售手段，因为单靠金钱不会有长期的合作关系。

（5）不主动与上司沟通。

"销售人员以销售业绩说话，干得好上司才会器重你。"

大多数销售人员与客户的沟通不存在问题，却不愿与上司沟通，"以销售业绩说话，说得多不如做得多"是他们的想法。我做销售经理的时候，有些销售人员内部沟通能力强，他们总会找机会与我谈论他们的工作。哪怕是几句话，与其他部门沟通的能力也对他们的销售业绩大有帮助，老实说我对他们个人印象深刻一些。有些销售人员躲着上司，我也就很难了解他们的工作情况，最后我发现他们很努力，但需要相当长的时间才能了解。

67. 让上司对你另眼相看，只要做到六件事

销售人员要在强手如林的销售团队中脱颖而出，被上司看中并加以提拔重用，光靠业绩显然是不够的，具备管理的潜力似乎也不够。在销售行业里，不只是用员工年度评估表衡量员工是否出色，销售准则你不问，你的上司也不会主动告诉你，但它确实

时时刻刻影响着你的前程。让上司对你另眼相看,只要做到这六件事。

(1) 大声对客户说不。部分销售人员对大客户的态度过分谦卑,对他们的一些无理要求或指责只会点头称是,从不提出反驳意见。客户为什么喜欢把你的产品和服务与你的竞争对手相比,然后把你说得一无是处,目的可能是为了从你这里获取更有利的购买条件。一个没有勇气大声反驳客户无端指责的销售人员肯定会在生意中甘拜下风,最终向客户做出种种让步,损害到公司的利益。

(2) 公司利益永远第一。在现实生活中,我们的销售人员常常被告知"客户利益第一",这个似是而非的概念,多年来误导了很多销售人员。客户和供应商都以盈利为目的,在商业行为中,双方都有各自的利益,片面强调对方的利益是极不恰当的。我们有些供应商的销售人员对此没有清醒的认识,往往以"客户利益第一"作为挡箭牌,为了完成个人的销售目标,对客户做无原则的让步,损害公司利益。为公司利益据理力争的销售人员才会使上司对其刮目相看。

(3) 不做二传手,要做扣球手。我们一些基层的销售经理每天承受着各方面的压力,有些来自于客户,有些来自于公司内部,比如你的下属。当几个棘手的问题接踵而来,不堪重负的时候,他们会把问题原封不动地转交给上司来解决,更有甚者干脆把上司的通讯方式交给对方,让他们自己去交涉。一个好的销售人员,会把90%的麻烦搞定,剩下10%的问题也要提出解决方案交由上司定夺,否则公司为什么高薪聘请你?在职权范围内解决你的问题,超过职权范围的问题,也要提出解决方案。

(4) 谨慎表态,说到做到。你知道吗?其实在很多公司,客户抱怨最多的不是产品或服务,而是销售人员言而无信。销售代表由于存在业绩压力，或者月底冲销量而有求于客户，不得已做出种种许诺又无法兑现，导致客户强烈不满。这样的事情几乎每天都在发生，最后矛盾加剧，把问题上传给领导，领导也极为不满。

(5) 不为失败找借口。 干砸一件事或没有完成销售指标，普通人第一反应是找借口。"为什么工程跟丢了？""我们的产品价格太高，对手关系太硬。"这是销售人员掩盖自己无能最好的借口，有的时候也是客户拒绝你的最好借口。"周计划和报告为何没交？""实在太忙了！"那么你的上司的第一反应是你在找借口。其实，坦率地承认错误更能得到上司的谅解。

(6) 凡事有交代、件件有着落、事事有回音。 让领导觉得你靠谱、可托付，就要做到凡事有交代、件件有着落、事事有回音。领导交代的工作，事毕要及时回复，阶段性的进展也要及时报告，让领导放心的人，遇到重要的事，领导一定会想起你。

68. 与客户沟通，为什么被洗脑的总是你

有人说，营销高手在做两件事情，第一件事情是"攻心"，第二件事情是"洗脑"。"攻心"攻到让你的客户爱上你，"洗脑"洗到让你的客户丧失理智。而在大客户销售中，"攻心"就是与客户建立良好的关系；"洗脑"就是影响客户的采购标准，说服客户以你公司独特的产品特点作为采购标准，以达到阻截竞争对手的目的。

有一件事情让我印象很深，前不久，我跟一家培训公司的顾

问为了一个大客户培训项目去拜访某公司的人事培训经理，这家公司是世界500强中的美国公司，在行业内大名鼎鼎。以前多次相约见面，不是我正好有课没空，就是某公司没空，培训公司好不容易找到大家见面的机会。

在上海黄金地段的豪华办公楼里，我们见到了人事培训经理，问起为什么这么忙时她告诉我们：她的老板对这次培训非常重视，要求她先与销售人员一起实地拜访客户两个星期，看看销售人员到底需要什么样的培训。那时正是上海最炎热的季节，看着她黝黑的脸庞，我的敬意油然而生。

谈到培训需求时，她告诉我，公司希望提高品牌知名度，我有点不解，她继续说："其实我们的销售人员很努力，经销商也很不容易，以前不了解，但我们的产品确实不比别人好在哪里，价格又高，关键是客户反映我们的品牌知名度不够。"

天哪！才两个星期就被客户洗脑了，知道他们公司的销售情况一直不好，行业地位在下降，但品牌至少跻身中国前五名，她何出此言？我婉转地对她说："如果贵公司的品牌知名度不够的话，那99%的中小企业都要关门了。"

我们一直要求销售人员给客户"洗脑"，可大多数情况下销售人员被客户"洗脑"了，所以才有这么多销售人员的说话口气跟客户一模一样。"价格太高了。""产品知名度太低。""市场行情不如往年……"

我知道销售人员背负着业绩压力，所以他们解释为什么完不成销售目标我能够理解。但是，在销售人员被客户"洗脑"前，企业有没有先对员工"洗脑"呢？你有没有对员工进行不间断的系统培训？更重要的是企业的管理层要保持头脑清醒，不要被客户"洗脑"。

我想起自己做销售的时候，我跟上司去拜访客户，本意是想让他看经销商做生意多么艰难，他在客户办公室的时候也的确表现出同情，甚至出门的时候好像还喃喃自语，可是一回去他就什么都忘了，不该给的政策照样不给。

推荐作者得新书！
博瑞森征稿启事

亲爱的读者朋友：

感谢您选择了博瑞森图书！希望您手中的这本书能给您带来实实在在的帮助！

博瑞森一直致力于发掘好作者、好内容，希望能把您最需要的思想、方法，一字一句地交到您手中，成为管理知识与管理实践的桥梁。

但是我们也知道，有很多深入企业一线、经验丰富、乐于分享的优秀专家，或者忙于实战没时间，或者缺少专业的写作指导和便捷的出版途径，只能茫然以待……

还有很多在竞争大潮中坚守的企业，有着异常宝贵的实践经验和独特的洞察，但缺少专业的记录和整理者，无法让企业的经验和故事被更多的人了解、学习……

对读者而言，这些都太遗憾了！

博瑞森非常希望能将这些埋藏的"宝藏"发掘出来，贡献给广大读者，让更多的人从中受益。

所以，我们真心地邀请您，我们的老读者，帮我们搜寻：

推荐作者

可以是您自己或您的朋友，只要对本土管理有实践、有思考；可以是您通过网络、杂志、书籍或其他途径了解的某位专家，不管名气大小，只要他的思想和方法曾让您深受启发。

可以是管理类作品，也可以超出管理，各类优秀的社科作品或学术作品。

推荐企业

可以是您自己所在的企业，或者是您熟悉的某家企业，其创业过程、运营经历、产品研发、机制创新，等等。无论企业大小，只要乐于分享、有值得借鉴书写之处。

总之，好内容就是一切！

博瑞森绝非"自费出书"，出版费用完全由我们承担。您推荐的作者或企业案例一经采用，我们会立刻向您赠送书币1000元，可直接换取任何博瑞森图书的纸书或电子书。

感谢您对本土管理原创、博瑞森图书的支持！

推荐投稿邮箱：bookgood@126.com　　推荐手机：13611149991

1120 本土管理实践与创新论坛

这是由100多位本土管理专家联合创立的企业管理实践学术交流组织,旨在孵化本土管理思想、促进企业管理实践、加强专家间交流与协作。

论坛每年集中力量办好两件大事:第一,"出一本书",汇聚一年的思考和实践,把最原创、最前沿、最实战的内容集结成册,贡献给读者;第二,"办一次会",每年11月20日本土管理专家们汇聚一堂,碰撞思想、研讨案例、交流切磋、回馈社会。

论坛理事名单(以年龄为序,以示传承之意)

首届常务理事:

彭志雄	曾 伟	施 炜	杨 涛	张学军	郭 晓	程绍珊	胡八一
王祥伍	李志华	陈立云	杨永华				

理 事:

张再林	卢根鑫	刘文瑞	王铁仁	周荣辉	罗 珉	房西苑	曾令同
黄民兴	陆和平	孟广桥	宋杼宸	张国祥	刘承元	叶兴平	曹子祥
宋新宇	吴越舟	吴 坚	杜建君	戴欣明	仲昭川	刘春雄	刘祖轲
张茂泽	段继东	陈立胜	梁 涛	何 慕	秦国伟	贺兵一	罗海容
张小虎	陈忠建	郭 剑	余晓雷	黄中强	朱玉童	沈 坤	阎立忠
张 进	丁兴良	朱仁健	薛宝峰	史贤龙	卢 强	史幼波	黄剑黎
叶敦明	王 涛	李文才	王 强	张远凤	陈 明	廖信琳	岑立聪
方 刚	何足奇	周 俊	杨 奕	孙行健	孙嘉晖	张东利	郭富才
叶 宁	何 屹	沈 奎	王明胤	王 超	马宝琳	谭长春	杨竣雄
夏惊鸣	张 博	段传敏	李洪道	胡浪球	孙 波	唐江华	程 翔
翟玉忠	刘红明	杨鸿贵	伯建新	高可为	李 蓓	王春强	孔祥云
戴 勇	贾同领	罗宏文	张兵武	史立臣	李政权	余 盛	陈小龙
尚 锋	邢 雷	余伟辉	李小勇	苗庆显	孙 巍	陈继展	全怀周
林延君	王清华	初勇钢	陈 锐	高继中	聂志新	黄 屹	沈 拓
徐伟泽	潦 寒	谭洪华	崔自三	王玉荣	蒋 军	侯军伟	黄润霖
朱伟杰	金国华	吴 之	葛新红	周 剑	崔海鹏	李治江	陈海超
柏 夔	唐道明	刘书生	朱志明	曲宗恺	杜 忠	黄渊明	王献永
范月明	吕 林	刘文新	赵晓萌	张 伟	韩 旭	韩友诚	熊亚柱
秦海林	孙彩军	刘 雷	贺小林	王庆云	黄 娜	俞士耀	田 军
丁 昀	张小峰	黄 磊	罗晓慧	赵海永	伏泓霖	任彭枞	梁小平
鄢圣安	马方旭	乐 涛	杨晓燕	欧阳莉华	陈 慧	张 璐	

企业案例·老板传记

书名·作者	内容/特色	读者价值
你不知道的加多宝:原市场部高管讲述 曲宗恺 牛玮娜 著	前加多宝高管解读加多宝	全景式解读,原汁原味
借力咨询:德邦成长背后的秘密 官同良 王祥伍 著	讲述德邦是如何借助咨询公司的力量进行自身与发展的	来自德邦内部的第一线资料,真实、珍贵,令人受益匪浅
娃哈哈区域标杆:豫北市场营销实录 罗宏文 赵晓萌 等著	本书从区域的角度来写娃哈哈河南分公司豫北市场是怎么进行区域市场营销,成为娃哈哈全国第一大市场、全国增量第一高市场的一些操作方法	参考性、指导性,一线真实资料
六个核桃凭什么:从0过100亿 张学军 著	首部全面揭秘养元六个核桃裂变式成长的巨著	学习优秀企业的成长路径,了解其背后的理论体系
像六个核桃一样:打造畅销品的36个简明法则 王超 范萍 著	本书分上下两篇:包括"六个核桃"的营销战略历程和36条畅销法则	知名企业的战略历程极具参考价值,36条法则提供操作方法
解决方案营销实战案例 刘祖轲 著	用10个真实案例讲明白什么是工业品的解决方案式营销,实战、实用	有干货、真正操作过的才能写得出来
招招见销量的营销常识 刘文新 著	如何让每一个营销动作都直指销量	适合中小企业,看了就能用
我们的营销真案例 联纵智达研究院 著	五芳斋粽子从区域到全国/诺贝尔瓷砖门店销量提升/利豪家具出口转内销/汤臣倍健的营销模式	选择的案例都很有代表性,实在、实操!
中国营销战实录:令人拍案叫绝的营销真案例 联纵智达 著	51个案例,42家企业,38万字,18年,累计2000余人次参与……	最真实的营销案例,全是一线记录,开阔眼界
双剑破局:沈坤营销策划案例集 沈坤 著	双剑公司多年来的精选案例解析集,阐述了项目策划中每一个营销策略的诞生过程,策划角度和方法	一线真实案例,与众不同的策划角度令人拍案叫绝、受益匪浅
宗:一位制造业企业家的思考 杨涛 著	1993年创业,引领企业平稳发展20多年,分享独到的心得体会	难得的一本老板分享经验的书
简单思考:AMT咨询创始人自述 孔祥云 著	著名咨询公司(AMT)的CEO创业历程中点点滴滴的经验与思考	每一位咨询人,每一位创业者和管理经营者,都值得一读
边干边学做老板 黄中强 著	创业20多年的老板,有经验、能写、又愿意分享,这样的书很少	处处共鸣,帮助中小企业老板少走弯路
三四线城市超市如何快速成长:解密甘雨亭 IBMG国际商业管理集团 著	国内外标杆企业的经验+本土实践量化数据+操作步骤、方法	通俗易懂,行业经验丰富,宝贵的行业量化数据,关键思路和步骤
中国首家未来超市:解密安徽乐城 IBMG国际商业管理集团 著	本书深入挖掘了安徽乐城超市的试验案例,为零售企业未来的发展提供了一条可借鉴之路	通俗易懂,行业经验丰富,宝贵的行业量化数据,关键思路和步骤

互联网+

书名·作者	内容/特色	读者价值
新营销 刘春雄 著	新营销的新框架体系是场景是产品逻辑,IP是品牌逻辑,社群是连接逻辑,传播是营销逻辑	助力品牌商实现由传统营销到新营销的理念和行动的跨越,助力企业打赢升级转型之仗
企业微信营销全指导 孙巍 著	专门给企业看到的微信营销书,手把手教企业从小白到微信营销专家	企业想学微信营销现在还不晚,两眼一抹黑也不怕,有这本书就够

续表

分类	书名/作者	内容简介	推荐理由
互联网+	企业网络营销这样做才对：B2B大宗B2C 张进 著	简单直白拿来就用，各种窍门倾信手拈来，企业网络营销不麻烦也不用再头疼，一般人不告诉他	B2B、大宗B2C企业有福了，看了就能学会网络营销
	互联网时代的银行转型 韩友诚 著	以大量案例形式为读者全面展示和分析了银行的互联网金融转型应对之道	结合本土银行转型发展案例的书籍
	正在发生的转型升级·实践 本土管理实践与创新论坛 著	企业在快速变革期所展现出的管理变革新成果、新方法、新案例	重点突出对于未来企业管理相关领域的趋势研判
	触发需求：互联网新营销样本·水产 何足奇 著	传统产业都在苦闷中挣扎前行，本书通过鲜活的案例告诉你如何以需求链整合供应链，从而把大家熟知的传统行业打碎了重构、重做一遍	全是干货，值得细读学习，并且作者的理论已经过了他亲自操刀的实践检验，效果惊人，就在书中全景展示
	移动互联新玩法：未来商业的格局和趋势 史贤龙 著	传统商业、电商、移动互联，三个世界并存，这种新格局的玩法一定要懂	看清热点的本质，把握行业先机，一本书搞定移动互联网
	微商生意经：真实再现33个成功案例操作全程 伏泓霖 罗晓慧 著	本书为33个真实案例，分享案例主人公在做微商过程中的经验教训	案例真实，有借鉴意义
	阿里巴巴实战运营——14招玩转诚信通 聂志新 著	本书主要介绍阿里巴巴诚信通的十四个基本推广操作，从而帮助使用诚信通的用户及企业更好地提升业绩	基本操作，很多可以边学边用，简单易学
	阿里巴巴实战运营2：诚信通热卖技巧 聂嵘海 著	诚信通TOP商家赚钱的密码箱，手把手教你操作，拿来就用	图文并茂，内容齐全，直接可以对照使用
	抖音营销如何做：未来抖商 刘大贺 著	解密从0到1亿粉丝的实操路径，深度剖析抖音营销全系统策略	企业做抖音营销的第一书
	微商团队长：从入门到精通 罗品牌 著	由浅入深，涵盖微商团队长必学技能的方方面面	只要照着做，就能当好微商团队长
	互联网精准营销 蒋军 著	怎么在互联网时代整体策划、包装品牌和产品，并在此基础上为企业设计商业模式，技术实现并运营落地	为有基础的小微企业（大企业的新项目）1年实现销售额过亿，2年对接资本，3年左右准IPO
	今后这样做品牌：移动互联时代的品牌营销策略 蒋军 著	与移动互联紧密结合，告诉你老方法还能不能用，新方法怎么用	今后这样做品牌就对了
	互联网+"变"与"不变"：本土管理实践与创新论坛集萃·2016 本土管理实践与创新论坛 著	本土管理领域正在产生自己独特的理论和模式，尤其在移动互联时代，有很多新课题需要本土专家们一起研究	帮助读者拓宽眼界、突破思维
	创造增量市场：传统企业互联网转型之道 刘红明 著	传统企业需要用互联网思维去创造增量，而不是用电子商务去转移传统业务的存量	教你怎么在"互联网+"的海洋中创造实实在在的增量
	重生战略：移动互联网和大数据时代的转型法则 沈拓 著	在移动互联网和大数据时代，传统企业转型如同生命体打算与再造，称之为"重生战略"	帮助企业认清移动互联网环境下的变化和应对之道
	画出公司的互联网进化路线图：用互联网思维重塑产品、客户和价值 李蓓 著	18个问题帮助企业一步步梳理出互联网转型思路	思路清晰、案例丰富，非常有启发性
	7个转变，让公司3年胜出 李蓓 著	消费者主权时代，企业该怎么办	这就是互联网思维，老板有能这样想，肯定倒不了
	跳出同质思维，从跟随到领先 郭剑 著	66个精彩案例剖析，帮助老板突破行业长期思维惯性	做企业竟然有这么多玩法，开眼界

续表

行业类:零售、白酒、食品/快消品、农业、医药、建材家居等			
	书名·作者	内容/特色	读者价值
零售·超市·餐饮·服装	总部有多强,门店就能走多远 IBMG 国际商业管理集团 著	如何把总部做强,成为门店的坚实后盾	了解总部建设的方法与经验
	超市卖场定价策略与品类管理 IBMG 国际商业管理集团 著	超市定价策略与品类管理实操案例和方法	拿来就能用的理论和工具
	连锁零售企业招聘与培训破解之道 IBMG 国际商业管理集团 著	围绕零售企业组织架构、培训体系建设等内容进行深刻探讨	破解人才发现和培养瓶颈的关键点
	中国首家未来超市:解密安徽乐城 IBMG 国际商业管理集团 著	介绍了乐城作为中国首家未来超市从无到有的传奇经历	了解新型零售超市的运作方式及管理特色
	三四线城市超市如何快速成长:解密甘雨亭 IBMG 国际商业管理集团 著	揭秘一家三四线连锁超市的经验策略	不但可以欣赏它的优点,而且可以学会它成功的方法
	新零售 新终端 迪智成咨询团队 著	梳理和提炼新零售的系统打法,将之落地在新终端建设上	让新零售这一看似形而上的商业概念有了可以落地的立足点
	新零售动作分解:建材 家居 家具 盛斌子 著	第一本锁定在家居建材、家电、家装等耐用消费品领域谈新零售的书	第一本谈新零售的具体动作、策略、方法、招术的书,拿来就用
	新零售进化趋势与未来格局 李政权 著	通过业态、品类、体验、场景等,逐一呈现新零售的未来进化	就新零售未来的发展方向与进化趋势给出一个确定性的未来
	涨价也能卖到翻 村松达夫【日】	提升客单价的 15 种实用、有效的方法	日本企业在这方面非常值得学习和借鉴
	移动互联下的超市升级 联商网专栏频道 著	深度解析超市转型升级重点	帮助零售企业把握全局、看清方向
	手把手教你做专业督导:专卖店、连锁店 熊亚柱 著	从督导的职能、作用,在工作中需要的专业技能、方法,都提供了详细的解读和训练办法,同时附有大量的表单工具	无论是店铺需要统一培训,还是个人想成为优秀的督导,有这一本就够了
	百货零售全渠道营销策略 陈继展 著	没有照本宣科、说教式的絮叨,只有笔者对行业的认知与理解,庖丁解牛式的逐项解析、展开	通俗易懂,花极少的时间快速掌握该领域的知识及趋势
	零售:把客流变成购买力 丁昀 著	如何通过不断升级产品和体验式服务来经营客流	如何进行体验营销,国外的好经营,这方面有启发
	餐饮企业经营策略第一书 吴坚 著	分别从产品、顾客、市场、盈利模式等几个方面,对现阶段餐饮企业的发展提出策略和思路	第一本专业的、高端的餐饮企业经营指导书
	餐饮新营销 杨勇 程绍珊 著	在新环境下,对餐饮营销管理进行了全面深入的解读,提供了方式方法	全面性、系统性,区别于市面上的纯操作类作品
	电影院的下一个黄金十年:开发·差异化·案例 李保煜 著	对目前电影院市场存大的问题及如何解决进行了探讨与解读	多角度了解电影院运营方式及代表性案例
	赚不赚钱靠店长:从懂管理到会经营 孙彩军 著	通过生动的案例来进行剖析,注重门店管理细节方面的能力提升	帮助终端门店店长在管理门店的过程中实现经营思路的拓展与突破
耐消品	商用车经销商运营实战 杜建君 王朝阳 章晓青 等著	从管理到经营,从销售到服务,系统化运作全指导	为经销商经营开阔思路,掌握方法
	汽车配件这样卖:汽车后市场销售秘诀 100 条 俞士耀 著	汽配销售业务员必读,手把手教授最实用的方法,轻松得来好业绩	快速上岗,专业实效,业绩无忧

续表

	书名/作者	内容	特点
耐消品	润滑油销售：这样说这样做更有效 张金荣　著	针对渠道、经销商、终端的超实用话术	上车看，下车用，3分钟就能学会。
	新经销：新零售时代，教你做大商 黄润霖　著	从选址、产品、促销、团队、规模阐述新经销变与不变的市场手法和操作思路	实地拜访近100位经销商在传统营销手法上的创新、新营销工具的发现
	珠宝黄金新营销 崔德乾　著	营销、品牌、产品、连接、场景、社群、服务、传播、管理及产业价值链	新营销在珠宝行业的实战应用，业内必备第一书
	跟行业老手学经销商开发与管理：家电、耐消品、建材家居 黄润霖　著	全部来源于经销商管理的一线问题，作者用丰富的经验将每一个问题落实到最便捷快速的操作方法上去	书中每一个问题都是普通营销人亲口提出的，这些问题你也会遇到，作者进行的解答则精彩实用
白酒	酒水饮料快消品餐饮渠道营销手册 朱伟杰　著	主要针对快消品（酒水、饮料）的餐饮渠道，提供了区域、商圈、不同业态的规划和促销安排等多种工具，并提出了经销商、批发商等相关人员的管理方法	一本酒水饮料如何在餐饮渠道销售的全能手册，内容深入翔实，可以直接照搬套用，这样的便利简直千金不换
	白酒到底如何卖 赵海永　著	以市场实战为主，多层次、全方位、多角度地阐释了白酒一线市场操作的最新模式和方法，接地气	实操性强，37个方法、6大案例帮你成功卖酒
	变局下的白酒企业重构 杨永华　著	帮助白酒企业从产业视角看清趋势，找准位置，实现弯道超车的书	行业内企业要减少90%，自己在什么位置，怎么做，都清楚了
	1. 白酒营销的第一本书（升级版） 2. 白酒经销商的第一本书 唐江华　著	华泽集团湖南开口笑公司品牌部长，擅长酒类新品推广、新市场拓展	扎根一线，实战
	区域型白酒企业营销必胜法则 朱志明　著	为区域型白酒企业提供35条必胜法则，在竞争中赢销的葵花宝典	丰富的一线经验和深厚积累，实操实用
	10步成功运作白酒区域市场 朱志明　著	白酒区域操盘者必备，掌握区域市场运作的战略、战术、兵法	在区域市场的攻伐防守中运筹帷幄，立于不败之地
	酒业转型大时代：微酒精选2014-2015 微酒　主编	本书分为五个部分：当年大事件、那些酒业营销工具、微酒独立策划、业内大调查和十大经典案例	了解行业新动态、新观点，学习营销方法
快消品·食品	中国快消品营销的这些年 史贤龙　著	作者精华文章的合集，一本书浓缩了过去十五年，中国营销的实战历程与前沿思考	快消品营销行业的案例和方法都原汁原味呈现，在反映当时风貌的同时，展望与反思
	营销中国茶：2小时读懂茶叶营销 史贤龙　著	从不同视角对中国的茶营销进行了思考，内容涉及中国茶产业战略困境、茶企规模化、茶品牌崛起、茶文化、茶营销、茶消费、茶零售、茶道等	内容丰富扎实，文字流畅，浓缩的都是精华，让你2小时读懂茶叶营销
	这样打造快消品标杆市场 罗宏文　著	帮助你解决如何成功打造标杆市场和进行持续增量管理两大问题	一套系统的方法论，通俗易懂，可以直接套用
	5小时读懂快消品营销：中国快消品案例观察 陈海超　著	多年营销经验的一线老手把案例掰开了、揉碎了，从中得出的各种手段和方法给读者以帮助和启发	营销那些事儿的个中秘辛，求人还不一定告诉你，这本书里就有
	快消品招商的第一本书：从入门到精通 刘雷　著	深入浅出，不说废话，有工具方法，通俗易懂	让零基础的招商新人快速学习书中最实用的招商技能，成长为骨干人才
	乳业营销第一书 侯军伟　著	对区域乳品企业生存发展关键性问题的梳理	唯一的区域乳业营销书，区域乳品企业一定要看

续表

	书名	内容简介	特点
快消品·食品	金龙鱼背后的粮油帝国 余 盛 著	讲述金龙鱼品牌及母公司丰益国际的商业冒险故事	在精彩的阅读体验中学到营销管理的方法
	食用油营销第一书 余 盛 著	10多年油脂企业工作经验,从行业到具体实操	食用油行业第一书,当之无愧
	中国茶叶营销第一书 柏 龑 著	如何跳出茶行业"大文化小产业"的困境,作者给出了自己的观察和思考	不是传统做茶的思路,而是现在商业做茶的思路
	调味品企业八大必胜法则 张 戟 著	八大规律性的关键成功要素,背后都有本土调味品企业的成功实践	"观点阐述+案例描述",行业必读
	调味品营销第一书 陈小龙 著	国内唯一一本调味品营销的书	唯一的调味品营销的书,调味品的从业者一定要看
	快消品营销人的第一本书:从入门到精通 刘 雷 伯建新 著	快消行业必读书,从入门到专业	深入细致,易学易懂
	变局下的快消品营销实战策略 杨永华 著	通胀了,成本增加,如何从被动应对变成主动的"系统战"	作者对快消品行业非常熟悉、非常实战
	快消品经销商如何快速做大 杨永华 著	本书完全从实战的角度,评述现象,解析误区,揭示原理,传授方法	为转型期的经销商提供了解决思路,指出了发展方向
	快消品营销:一位销售经理的工作心得2 蒋 军 著	快消品、食品饮料营销的经验之谈,重点图书	来源与实战的精华总结
	快消品营销与渠道管理 谭长春 著	将快消品标杆企业渠道管理的经验和方法分享出来	可口可乐、华润的一些具体的渠道管理经验,实战
	成为优秀的快消品区域经理(升级版) 伯建新 著	用"怎么办"分析区域经理的工作关键点,增加30%全新内容,更贴近环境变化	可以作为区域经理的"速成催化器"
	销售轨迹:一位快消品营销总监的拼搏之路 秦国伟 著	本书讲述了一个普通销售员打拼成为跨国企业营销总监的真实奋斗历程	激励人心,给广大销售员以力量和鼓舞
	快消老手都在这样做:区域经理操盘锦囊 方 刚 著	非常接地气,全是多年沉淀下来的干货,丰富的一线经验和实操方法不可多得	在市场摸爬滚打的"老油条",那些独家绝招妙招一般你问都是问不来的
	动销四维:全程辅导与新品上市 高继中 著	从产品、渠道、促销和新品上市详细讲解提高动销的具体方法,总结作者18年的快消品行业经验,方法实操	内容全面系统,方法实操
农业	饲料营销有方法:策略 案例 工具 陈石平 著	跳出饲料看饲料,根据饲料营销的关键成功要素(KSF)提出7大核心命题	紧跟农牧产业发展大势,提高饲料企业营销竞争力
	新农资如何换道超车 刘祖轲 等著	从农业产业化、互联网转型、行业营销与经营突破四个方面阐述如何让农资企业占领先机、提前布局	南方略专家告诉你如何应对资源浪费、生产效率低下、产能严重过剩、价格与价值严重扭曲等
	中国牧场管理实战:畜牧业、乳业必读 黄剑黎 著	本书不仅提供了来自一线的实际经验,还收入了丰富的工具文档与表单	填补空白的行业必读作品
	中小农业企业品牌战法 韩 旭 著	将中小农业企业品牌建设的方法,从理论讲到实践,具有指导性	全面把握品牌规划,传播推广,落地执行的具体措施
	农资营销实战全指导 张 博 著	农资如何向"深度营销"转型,从理论到实践进行系统剖析,经验资深	朴实、使用!不可多得的农资营销实战指导
	农产品营销第一书 胡浪球 著	从农业企业战略到市场开拓、营销、品牌、模式等	来源于实践中的思考,有启发
	变局下的农牧企业9大成长策略 彭志雄 著	食品安全、纵向延伸、横向联合、品牌建设……	唯一的农牧企业经营实操的书,农牧企业一定要看

续表

	书名	内容简介	推荐语
医药	在中国,医药营销这样做:时代方略精选文集 段继东 主编	专注于医药营销咨询15年,将医药营销方法的精华文章合编,深入全面	可谓医药营销领域的顶尖著作,医药界读者的必读书
	医药新营销:制药企业、医药商业企业营销模式转型 史立臣 著	医药生产企业和商业企业在新环境下如何做营销?老方法还有没有用?如何寻找新方法?新方法怎么用?本书给你答案	内容非常现实接地气,踏实谈问题说方法
	医药企业转型升级战略 史立臣 著	药企转型升级有5大途径,并给出落地步骤及风险控制方法	实操性强,有作者个人经验总结及分析
	新医改下的医药营销与团队管理 史立臣 著	探讨新医改对医药行业的系列影响和医药团队管理	帮助理清思路,有一个框架
	医药营销与处方药学术推广 马宝琳 著	如何用医学策划把"平民产品"变成"明星产品"	有真货、讲真话的作者,堪称处方药营销的经典!
	医药行业大洗牌与药企创新 林延君 沈斌 著	一方面,围绕着变革,多角度阐述药企的应对之道;另一方面,紧扣实践,介绍近百家医药企业创新实践案例	医改变革10年,医药企业如何应对大洗牌?重磅出击的药企人必读书
	新医改了,药店就要这样开 尚锋 著	药店经营、管理、营销全攻略	有很强的实战性和可操作性
	电商来了,实体药店如何突围 尚锋 著	电商崛起,药店该如何突围?本书从促销、会员服务、专业性、客单价等多重角度给出了指导方向	实战攻略,拿来就能用
	OTC医药代表药店销售36计 鄢圣安 著	以《三十六计》为线,写OTC医药代表向药店销售的一些技巧与策略	案例丰富,生动真实,实操性强
	OTC医药代表药店开发与维护 鄢圣安 著	要做到一名专业的医药代表,需要做什么、准备什么、知识储备、操作技巧等	医药代表药店拜访的指导手册,手把手教你快速上手
	引爆药店成交率1:店员导购实战 范月明 著	一本书解决药店导购所有难题	情景化、真实化、实战化
	引爆药店成交率2:经营落地实战 范月明 著	最接地气的经营方法全指导	揭示了药店经营的几类关键问题
	引爆药店成交率:专业化销售解决方案 范月明 著	药品搭配分析与关联销售	为药店人专业化助力
	处方药合规推广实战宝典 赵佳震 著	推广体系搭建、推广人员岗位工作内容、推广服务外包商管理等六个方面	解决"医药代表转型"和"推广服务外包商管理"的困惑
	医药代理商实操全指导:新环境 新战法 戴文杰 著	结合医药市场政策环境解读新环境下医药招商的战法,着重分析药品产业链的盈利机会	医药销售业务人员的必备读物
	攻略基层诊所:医药营销这样做 张江民 著	对基层诊所的开发、维护和动销,拿来就用的方式方法	实战是本书的主旨,只要用心去看,就能在基层诊所市场中运用
	互联网医药的未来 动脉网 编著	介绍了互联网医药发展的现状与趋势	帮助创业者和投资人看清未来,把握当下
	处方药零售这样做 田军 著	阐述了处方药零售的重要性,以及做处方药零售市场的具体措施和方法	系统性了解和掌握处方药零售方法
建材家居	成为最赚钱的家具建材经销商 李治江 著	从销售模式、产品、门店等老板们最关注和最需要的方面解决问题、提供方法	只要你是建材、家具、家居用品的经销商老板,这就是一本必读的书
	定制家居黄金十年 韩锋 翁长华 著	梳理了定制家居的商业模式和发展情况	帮助定制家居看清方向,把握当下
	家具建材促销与引流 薛亮 李永峰 著	十大促销模式的详细方法和工具	让你天天签大单

续表

分类	书名/作者	内容简介	推荐语
建材家居	家具行业操盘手 王献永 著	家具行业问题的终结者	解决了千家具还有没有前途？为什么同城多店的家具经销商很难做大做强等问题
	建材家居营销：除了促销还能做什么 孙嘉晖 著	一线老手的深度思考，告诉你在建材家居营销模式基本停滞的今天，除了促销，营销还能怎么做	给你的想法一场革命
	建材家居营销实务 程绍珊 杨鸿贵 主编	价值营销运用到建材家居，每一步都让客户增值	有自己的系统、实战
	家居建材门店6力爆破 贾同领 著	合盘道出一线品牌销量秘籍	6力招招见血，既有招数，又有策略
	建材家居门店销量提升 贾同领 著	店面选址、广告投放、推广助销、空间布局、生动展示、店面运营等	门店销量提升是一个系统工程，非常系统、实战
	10步成为最棒的建材家居门店店长 徐伟泽 著	实际方法易学易用，让员工能够迅速成长，成为独当一面的好店长	只要坚持这样干，一定能成为好店长
	手把手帮建材家居导购业绩倍增：成为顶尖的门店店员 熊亚柱 著	生动的表现形式，让普通人也能成为优秀的导购员，让门店业绩长红	读着有趣，用着简单，一本在手、业绩无忧
	建材家居经销商实战42章经 王庆云 著	告诉经销商：老板怎么当、团队怎么带、生意怎么做	忠言逆耳，看着不舒服就对了，实战总结，用一招半式就值了
工业品	销售是门专业活：B2B、工业品 陆和平 著	销售流程就应该跟着客户的采购流程和关注点的变化向前推进，将一个完整的销售过程分成十个阶段，提供具体方法	销售不是请客吃饭拉关系，是个专业的活计！方法在手，走遍天下不愁
	解决方案营销实战案例 刘祖轲 著	用10个真案例讲明白什么是工业品的解决方案式营销，实战、实用	有干货，真正操作过的才能写得出来
	变局下的工业品企业7大机遇 叶敦明 著	产业链条的整合机会、盈利模式的复制机会、营销红利的机会、工业服务商转型机会……	工业品企业还可以这样做，思维大突破
	工业品市场部实战全指导 杜忠 著	工业品市场部经理工作内容全指导	系统、全面、有理论、有方法，帮助工业品市场部经理更快提升专业能力
	工业品营销管理实务 李洪道 著	中国特色工业品营销体系的全面深化、工业品营销管理体系优化升级	工具更实战，案例更鲜活，内容更深化
	工业品企业如何做品牌 张东利 著	为工业品企业提供最全面的品牌建设思路	有策略、有方法、有思路、有工具
	丁兴良讲工业4.0 丁兴良 著	没有枯燥的理论和说教，用朴实直白的语言告诉你工业4.0的全貌	工业4.0是什么？本书告诉你答案
	资深大客户经理：策略准，执行狠 叶敦明 著	从业务开发、发起攻势、关系培育、职业成长四个方面，详述了大客户营销的精髓	满满的全是干货
	两化融合管理系统贯标流程与方法 戴勇 张华杰 张百荣 编著	全面梳理贯标流程和方法	帮助企业成功贯标
	一切为了订单：订单驱动下的工业品营销实战 唐道明 著	其实，所有的企业都在围绕着两个字在开展全部的经营和管理工作，那就是"订单"	开发订单、满足订单、扩大订单。本书全是实操方法，字字珠玑、句句干货，教你获得营销的胜利
金融	交易心理分析 (美)马克·道格拉斯 著 刘真如 译	作者一语道破赢家的思考方式，并提供了具体的训练方法	不愧是投资心理的第一书，绝对经典
	精品银行管理之道 崔海鹏 何屹 主编	中小银行转型的实战经验总结	中小银行的教材很多，实战类的书很少，可以看看

续表

	书名·作者	内容/特色	读者价值
金融	支付战争 Eric M. Jackson 著 徐彬 王晓 译	PayPal创业期营销官,亲身讲述PayPal从诞生到壮大到成功出售的整个历史	激烈、有趣的内幕商战故事!了解美国支付市场的风云巨变
	中外并购名著专业阅读指南 叶兴平 等著	在5000多本并购类图书中精选的200著作,在阅读的基础上写的读书评价	精挑细选200本并一一评介,省去读者挑选的烦恼,快捷、高效
	新三板信息披露全流程:操作与工具 和珅科技 著	详细拆解董秘日常工作过程中所需的信息披露流程	董秘案头必备用书
	成功并购300本:一本书搞定并购难题 浩德军师并购联盟 著	从财务,税务,法律等角度详细解答疑问	能解决80%的并购问题
	互联网时代的银行转型 韩友诚 著	以大量案例形式为读者全面展示和分析了银行的互联网金融转型应对之道	结合本土银行转型发展案例的书籍
房地产	产业园区/产业地产规划、招商、运营实战 阎立忠 著	目前中国第一本系统解读产业园区和产业地产建设运营的实战宝典	从认知、策划、招商到运营全面了解地产策划
	人文商业地产策划 戴欣明 著	城市与商业地产战略定位的关键是不可复制性,要发现独一无二的"味道"	突破千城一面的策划困局
	中国城市群房地产投资策略 吕俊博 著	全方位、多角度分析城市群房地产现状是趋势	让亿元资产投资更理性、更安全
	电影院的下一个黄金十年:开发·差异化·案例 李保煜 著	对目前电影院市场存大的问题及如何解决进行了探讨与解读	多角度了解电影院运营方式及代表性案例
能源	全能型班组:城市能源互联网与电力班组升级 国网天津市电力公司 编著	借鉴国内外优秀企业的转型升级思路,通过对于新型班组组织模式和运行机制的大胆设想,力图构建充分适应内外环境变化的全能型班组	看看庞大的国企在新环境下是如何顺应时代的
	国网天津电力全能型班组建设实务 国网天津市电力公司 编著	本书聚焦于天津电力公司在探索全能型班组转型升级时的优秀实践	电力行业的班组实践,具体、可操作性强

经营类:企业如何赚钱,如何抓机会,如何突破,如何"开源"

	书名·作者	内容/特色	读者价值
抓方向	让经营回归简单·升级版 宋新宇 著	化繁为简抓住经营本质:战略、客户、产品、员工、成长	经典,做企业就这几个关键点!
	混沌与秩序Ⅰ:变革时代企业领先之道 混沌与秩序Ⅱ:变革时代管理新思维 彭剑锋 尚艳玲 主编	汇集华夏基石专家团队10年来研究成果,集中选择了其中的精华文章编纂成册	作者都是既有深厚理论积淀又有实践经验的重磅专家,为中国企业和企业家的未来提出了高屋建瓴的观点
	活系统:跟任正非学当老板 孙行健 尹贤 著	以任正非的独到视角,教企业老板如何经营公司	看透公司经营本质,激活企业活力
	重构:快消品企业重生之道 杨永华 著	从7个角度,帮助企业实现系统性的改造	提供转型思想与方法,值得参考
	公司由小到大要过哪些坎 卢强 著	老板手里的一张"企业成长路线图"	现在我在哪儿,未来还要走哪些路,都清楚了
	企业二次创业成功路线图 夏惊鸣 著	企业曾经抓住机会成功了,但下一步该怎么办?	企业怎样获得第二次成功,心里有个大框架了
	老板经理人双赢之道 陈明 著	经理人怎养选平台、怎么开局,老板怎样选/育/用/留	老板生闷气,经理人牢骚大,这次知道该怎么办了

续表

分类	书名/作者	内容简介	评价
抓方向	简单思考:AMT咨询创始人自述 孔祥云 著	著名咨询公司(AMT)的CEO创业历程中点点滴滴的经验与思考	每一位咨询人,每一位创业者和管理经营者,都值得一读
	企业文化的逻辑 王祥伍 黄健江 著	为什么企业绩效如此不同,解开绩效背后的文化密码	少有的深刻,有品质,读起来很流畅
	使命驱动企业成长 高可为 著	钱能让一个人今天努力,使命能让一群人长期努力	对于想做事业的人,'使命'是绕不过去的
思维突破	盈利原本就这么简单 高可为 著	从财务的角度揭示企业盈利的秘密	多方面解读商业模式与盈利的关系,通俗易懂,受益匪浅
	经营:打造你的盈利系统 高可为 著	从盈利角度梳理了系统化的经营方式	让企业掌舵者把控经营全局
	创模式:23个行业创新案例 段传敏 著	23位行业精英的创新对话	创业者、转型者的实战参考
	企业良性成长:用顶层设计突破瓶颈 刘建兆 著	全方位介绍企业顶层设计的方法和思路	帮助企业用顶层设计突破成长瓶颈
	移动互联新玩法:未来商业的格局和趋势 史贤龙 著	传统商业、电商、移动互联,三个世界并存,这种新格局的玩法一定要懂	看清热点的本质,把握行业先机,一本书搞定移动互联网
	画出公司的互联网进化路线图:用互联网思维重塑产品、客户和价值 李蓓 著	18个问题帮助企业一步步梳理出互联网转型思路	思路清晰、案例丰富,非常有启发性
	重生战略:移动互联网和大数据时代的转型法则 沈拓 著	在移动互联网和大数据时代,传统企业转型如同生命体打算与再造,称之为"重生战略"	帮助企业认清移动互联网环境下的变化和应对之道
	创造增量市场:传统企业互联网转型之道 刘红明 著	传统企业需要用互联网思维去创造增量,而不是用电子商务去转移传统业务的存量	教你怎么在"互联网+"的海洋中创造实实在在的增量
	7个转变,让公司3年胜出 李蓓 著	消费者主权时代,企业该怎么办	这就是互联网思维,老板有能这样想,肯定倒不了
	跳出同质思维,从跟随到领先 郭剑 著	66个精彩案例剖析,帮助老板突破行业长期思维惯性	做企业竟然有这么多玩法,开眼界
	互联网+"变"与"不变":本土管理实践与创新论坛集萃·2016 本土管理实践与创新论坛 著	加速本土管理思想的孕育诞生,促进本土管理创新成果更好地服务企业、贡献社会	各个作者本年度最新思想,帮助读者拓宽眼界、突破思维
	消费升级:实践 研究(文集) 本土管理实践与创新论坛 著	38位管理专家及7位学者的精华思想,从经营、管理、行业及思想研究四个方面阐述中国企业在消费升级下的实践与研究	思想启发,行业借鉴
财务	写给企业家的公司与家庭财务规划——从创业成功到富足退休 周荣辉 著	本书以企业的发展周期为主线,写各阶段企业与企业主家庭的财务规划	为读者处理人生各阶段企业与家庭的财务问题提供建议及方法,让家庭成员真正享受财富带来的益处
	互联网时代的成本观 程翔 著	本书结合互联网时代提出了成本的多维观,揭示了多维组合成本的互联网精神和大数据特征,论述了其产生背景、实现思路和应用价值	在传统成本观下为盈利的业务,在新环境下也许就成为亏损业务。帮助管理者从新的角度来看待成本,进一步做好精益管理

续表

	书名・作者	内容/特色	读者价值
财务	财报背后的投资机会 蒋豹 著	以具体的公司案例分析,教你迅速看出财务报表与企业经营的关系、所反映的企业经营现状,从而找到投资机会	前四大会计所员工为读者解密财报,发现投资机会

管理类:效率如何提升,如何实现经营目标,如何"节流"

	书名・作者	内容/特色	读者价值
通用管理	让管理回归简单・升级版 宋新宇 著	从目标、组织、决策、授权、人才和老板自己层面教你怎样做管理	帮助管理抓住管理的要害,让管理变得简单
	让经营回归简单・升级版 宋新宇 著	从战略、客户、产品、员工、成长、经营者自身等七个方面,归纳总结出简单有效的经营法则	总结出的真正优秀企业的成功之道:简单
	让用人回归简单 宋新宇 著	从用人的原则、用人的难题与误区、用人的方法和用人者的修炼四大方面,总结出适合中小企业做好人才管理工作的法则	帮助管理者抓住用人的要害,让用人变得简单
	历史深处的管理智慧1:组织建设与用人之道 刘文瑞 著	对历史之典故、政事、人事、政制进行管理解析,鉴照企业人才的选用育留	推动理论与实践的对接,实现理性与情感的渗透,用中国话语说明管理智慧
	历史深处的管理智慧2:战略决策与经营运作 刘文瑞 著	对历史之典故、政事、人事、政制进行管理解析,鉴照企业战略设计与经营实践	推动理论与实践的对接,实现理性与情感的渗透,用中国话语说明管理智慧
	历史深处的管理智慧3:领导修炼与文化素养 刘文瑞 著	对历史之典故、政事、人事、政制进行管理解析,鉴照企业领导职业能力提升与文化修养	推动理论与实践的对接,实现理性与情感的渗透,用中国话语说明管理智慧
	管理的尺度 刘文瑞 著	对管理中的种种普遍性问题进行了批评	提高把握管理尺度的能力
	管理学在中国 刘文瑞 著	系统性介绍了管理学在中国的发展和演变	了解管理学在中国的发展脉络,更清晰理解管理学的本质
	看电影,懂管理 刘文瑞 著	16部经典电影,带你感悟管理智慧	能够帮助读者放松身心,驰骋想象,在不知不觉中增长智慧
	管理:以规则驾驭人性 王春强 著	详细解读企业规则的制定方法	从人与人博弈角度提升管理的有效性
	打造集成供应链:走出挂一漏十的改善困境 王春强 著	详解集成供应链全过程	帮助企业优化供应链管理
	用好骨干员工:关键人才培养与激励 王敏 著	系统化分享关键人才打造与激励方法	企业能实在用人的最大化价值
	改变世界的管理学大师1:管理学的前世今生 刘文瑞 编著	介绍了古典管理学时期的大师事迹和思想	深入了解管理大师们的思想和智慧
	成为企业欢迎的咨询师 张国祥 著	从调研到落地,手把手教你咨询流程	不走弯路,方便直接的学到老咨询师的套路
	员工心理学超级漫画版 邢雷 著	以漫画的形式深度剖析员工心理	帮助管理者更了解员工,从而更轻松地管理员工
	老板有想法,高层有干法:企业中的将师之道 王清华 著	深入剖析老板与高管的异同	各司其职,各行其是,相辅相成
	分股合心:股权激励这样做 段磊 周剑 著	通过丰富的案例,详细介绍了股权激励的知识和实行方法	内容丰富全面,易读易懂,了解股权激励,有这一本就够了
	边干边学做老板 黄中强 著	创业20多年的老板,有经验、能写、又愿意分享,这样的书很少	处处共鸣,帮助中小企业老板少走弯路

续表

通用管理	成为敏感而体贴的公司 王 涛 著	本书为作者对企业的观察和冥想的随笔记录。从生活中的一个现象入手,进而探索现象背后的本质	从全新角度认识公司
	中国企业的觉醒:正直 善良 成长 王 涛 著	围绕着企业人如何发生转化展开,对中国人、中国文化及由此导致的企业现状的观察和思考	企业除了要利润,还需要道德
	有意识的思考:轻松化解问题的7个思考习惯 王 涛 著	本书是对思想、思考过程、思考方式进行的细致观察	养成好的思考习惯,更深刻地看问题
	中国式阿米巴落地实践之从交付到交易 胡八一 著	本书主要讲述阿米巴经营会计,"从交付到交易",这是成功实施了阿米巴的标志	阿米巴经营会计的工作是有逻辑关联的,一本书就能搞定
	中国式阿米巴落地实践之激活组织 胡八一 著	重点讲解如何科学划分阿米巴单元,阐述划分的实操要领、思路、方法、技术与工具	最大限度减少"推行风险"和"摸索成本",利于公司成功搭建适合自身的个性化阿米巴经营体系
	中国式阿米巴落地实践之持续盈利 胡八一 著	把企业做成平台,企业才能做大(格局);把平台做成阿米巴,企业才能做强(专业);把阿米巴做成合伙制,企业才能做久(机制)	中国式阿米巴落地实践三部曲的最后一部,告诉你企业如何做大做强做久
	集团化企业阿米巴实战案例 初勇钢 著	一家集团化企业阿米巴实施案例	指导集团化企业系统实施阿米巴
	阿米巴经营的中国模式 李志华 著	让员工从"要我干"到"我要干",价值量化出来	阿米巴在企业如何落地,明白思路了
	欧博心法:好管理靠修行 曾 伟 著	用佛家的智慧,深刻剖析管理问题,见解独到	如果真的有'中国式管理',曾老师是其中标志性人物
	领导这样点燃你的下属 孟广桥 著	领导者如何才能让员工积极主动地工作?如何让你的员工和下属保持工作的热情,自动自发?看了这本书就知道	只要你希望手下的"兵将"永远充满工作的斗志,这本书将使你获益良多
流程管理	1. 用流程解放管理者 2. 用流程解放管理者2 张国祥 著	中小企业阅读的流程管理、企业规范化的书	通俗易懂,理论和实践的结合恰到好处
	跟我们学建流程体系 陈立云 著	畅销书《跟我们学做流程管理》系列,更实操,更细致,更深入	更多地分享实践,分享感悟,从实践总结出来的方法论
	人人都要懂流程 金国华 余雅丽 著	当前各企业流程管理方面最为典型的痛点现象及问题案例	通俗易懂,适合企业全员阅读
质量管理	IATF16949质量管理体系详解与案例文件汇编:TS16949转版IATF16949:2016 谭洪华 著	针对IATF的新标准做了详细的解说,同时指出了一些推行中容易犯的错误,提供了大量的表单、案例	案例、表单丰富,拿来就用
	五大质量工具详解及运用案例:APQP/FMEA/PPAP/MSA/SPC 谭洪华 著	对制造业必备的五大质量工具中每个文件的制作要求、注意事项、编制流程、成功案例等进行了解读	通俗易懂,简便易行,能真正实现学以致用
	ISO9001:2015新版质量管理体系详解与案例文件汇编 谭洪华 著	紧密围绕2015年新版质量管理体系文件逐条详细解读,并提供可以直接套用的案例工具,易学易上手	企业质量管理认证、内审必备
	ISO14001:2015新版环境管理体系详解与案例文件汇编 谭洪华 著	紧密围绕2015年新版环境管理体系文件逐条详细解读,并提供可以直接套用的案例工具,易学易上手	企业环境管理认证、内审必备

续表

质量管理	ISO9001:2015 完整文件汇编：制造业 贺红喜 著	按照 ISO9001 标准并超出标准的要求，提供了一套完整的制造业的质量管理体系文件	原汁原味完整收入，直接可以拿来就用
	SA8000:2014 社会责任管理体系认证实战 吕林 著	作者根据自己的操作经验，按认证的流程，以相关案例进行说明 SA8000 认证体系	简单，实操性强，拿来就能用
	精益质量管理实战工具 贺小林 著	制造类企业日常工作中所需要的精益管理工具的归纳整理，并进行案例操作的细致分析	可以直接参考，实际解决生产中的具体问题
战略落地	重生——中国企业的战略转型 施炜 著	从前瞻和适用的角度，对中国企业战略转型的方向、路径及策略性举措提出了一些概要性的建议和意见	对企业有战略指导意义
	公司大了怎么管：从靠英雄到靠组织 AMT 金国华 著	第一次详尽阐释中国快速成长型企业的特点、问题及解决之道	帮助快速成长型企业领导及管理团队理清思路，突破瓶颈
	低效会议怎么改：每年节省一半会议成本的秘密 AMT 王玉荣 著	教你如何系统规划公司的各级会议，一本工具书	教会你科学管理会议的办法
	年初订计划，年尾有结果：战略落地七步成诗 AMT 郭晓 著	7 个步骤教会你怎么让公司制定的战略转变为行动	系统规划，有效指导计划实现
人力资源	HRBP 是这样炼成的之"菜鸟起飞" 新海 著	以小说的形式，具体解析 HRBP 的职责，应该如何操作，如何为业务服务	实践者的经验分享，内容实务具体，形式有趣
	HRBP 是这样炼成的之中级修炼 新海 著	本书以案例故事的方式，介绍了 HRBP 在实际工作中碰到的问题和挑战	书中的 HR 解决方案讲究因时因地制宜、简单有效的原则，重在启发读者思路，可供各类企业 HRBP 借鉴
	HRBP 是这样炼成的之高级修炼 新海 著	以故事的形式，展现了 HRBP 工作者在职业发展路上的层层深入和递进	为读者提供 HRBP 在实际工作中遇到种种问题的解决方案
	新任 HR 高管如何从 0 到 1 黄渊明 著	全景式展现新任高管华丽转身全过程	助力新任高管安全着陆
	HR 的劳动法内参 李皓楠 著	100 个劳动法案例和分析	轻松掌握劳动法知识，方便运用
	把面试做到极致：首席面试官的人才甄选法 孟广桥 著	作者用自己几十年的人力资源经验总结出的一套实用的确定岗位招聘标准、提升面试官技能素质的简便方法	面试官必备，没有空泛理论，只有巧妙的实操技能
	人力资源体系与 e-HR 信息化建设 刘书生 陈莹 王美佳 著	将作者经历的人力资源管理变革、人力资源管理信息化咨询项目方法论、工具和成果全面展现给读者，使大家能够将其快速应用到管理实践中	系统性非常强，没有废话，全部是浓缩的干货
	回归本源看绩效 孙波 著	让绩效回顾"改进工具"的本源，真正为企业所用	确实是来源于实践的思考，有共鸣
	世界 500 强资深培训经理人教你做培训管理 陈锐 著	从 7 大角度具体细致地讲解了培训管理的核心内容	专业、实用、接地气

续表

分类	书名/作者	内容简介	推荐语
人力资源	曹子祥教你做激励性薪酬设计 曹子祥 著	以激励性为指导，系统性地介绍了薪酬体系及关键岗位的薪酬设计模式	深入浅出，一本书学会薪酬设计
	曹子祥教你做绩效管理 曹子祥 著	复杂的理论通俗化，专业的知识简单化，企业绩效管理共性问题的解决方案	轻松掌握绩效管理
	把招聘做到极致 远鸣 著	作为世界500强高级招聘经理，作者数十年招聘经验的总结分享	带来职场思考境界的提升和具体招聘方法的学习
	人才评价中心·超级漫画版 邢雷 著	专业的主题，漫画的形式，只此一本	没想到一本专业的书，能写成这效果
	走出薪酬管理误区 全怀周 著	剖析薪酬管理的8大误区，真正发挥好枢纽作用	值得企业深读的实用教案
	集团化人力资源管理实践 李小勇 著	对搭建集团化的企业很有帮助，务实、实用	最大的亮点不是理论，而是结合实际的深入剖析
	我的人力资源咨询笔记 张伟 著	管理咨询师的视角，思考企业的HR管理	通过咨询师的眼睛对比很多企业，有启发
	本土化人力资源管理8大思维 周剑 著	成熟HR理论，在本土中小企业实践中的探索和思考	对企业的现实困境有真切体会，有启发
企业文化	36个拿来就用的企业文化建设工具 海融心胜 主编	数十个工具，为了方便拿来就用，每一个工具都严格按照工具属性、操作方法、案例解读划分，实用、好用	企业文化工作者的案头必备书，方法都在里面，简单易操作
	企业文化建设超级漫画版 邢雷 著	以漫画的形式系统教你企业文化建设方法	轻松易懂好操作
	华夏基石方法：企业文化落地本土实践 王祥伍 谭俊峰 著	十年积累、原创方法、一线资料，和盘托出	在文化落地方面真正有洞察，有实操价值的书
	企业文化的逻辑 王祥伍 著	为什么企业之间如此不同，解开绩效背后的文化密码	少有的深刻，有品质，读起来很流畅
	企业文化激活沟通 宋杼宸 安琪 著	透过新任HR总经理的眼睛，揭示出沟通与企业文化的关系	有实际指导作用的文化落地读本
	在组织中绽放自我：从专业化到职业化 朱仁健 王祥伍 著	个人如何融入组织，组织如何助力个人成长	帮助企业员工快速认同并投入到组织中去，为企业发展贡献力量
	企业文化定位·落地一本通 王明胤 著	把高深枯燥的专业理论创建成一套系统化、实操化、简单化的企业文化缔造方法	对企业文化不了解，不会做？有这一本从概念到实操，就够了
生产管理	精益思维：中国精益如何落地 刘承元 著	笔者二十余年企业经营和咨询管理的经验总结	中国企业需要灵活运用精益思维，推动经营要素与管理机制的有机结合，推动企业管理向前发展
	300张现场图看懂精益5S管理 乐涛 编著	5S现场实操详解	案例图解，易懂易学
	高员工流失率下的精益生产 余伟辉 著	中国的精益生产必须面对和解决高员工流失率问题	确实来源于本土的工厂车间，很务实
	车间人员管理那些事儿 岑立聪 著	车间人员管理中处理各种"疑难杂症"的经验和方法	基层车间管理者最闹心、头疼的事，'打包'解决

续表

	书名	简介	推荐语
生产管理	1. 欧博心法:好管理靠修行 2. 欧博心法:好工厂这样管 曾 伟 著	他是本土最大的制造业管理咨询机构创始人,他从400多个项目、上万家企业实践中锤炼出的欧博心法	中小制造型企业,一定会有很强的共鸣
	欧博工厂案例1:生产计划管控对话录 欧博工厂案例2:品质技术改善对话录 欧博工厂案例3:员工执行力提升对话录 曾 伟 著	最典型的问题、最详尽的解析,工厂管理9大问题27个经典案例	没想到说得这么细,超出想象,案例很典型,照搬都可以了
	工厂管理实战工具 欧博企管 编著	以传统文化为核心的管理工具	适合中国工厂
	苦中带乐:管理者的第一堂必修课 曾 伟 编著	曾伟与师傅大愿法师的对话,佛学与管理实践的碰撞,管理禅的修行之道	用佛学最高智慧看透管理
	比日本工厂更高效1:管理提升无极限 刘承元 著	指出制造型企业管理的六大积弊;颠覆流行的错误认知;掌握精益管理的精髓	每一个企业都有自己不同的问题,管理没有一剑封喉的秘笈,要从现场、现物、现实出发
	比日本工厂更高效2:超强经营力 刘承元 著	企业要获得持续盈利,就要开源和节流,即实现销售最大化,费用最小化	掌握提升工厂效率的全新方法
	比日本工厂更高效3:精益改善力的成功实践 刘承元 著	工厂全面改善系统有其独特的目的取向特征,着眼于企业经营体质(持续竞争力)的建设与提升	用持续改善力来飞速提升工厂的效率,高效率能够带来意想不到的高效益
	3A顾问精益实践1:IE与效率提升 党新民 苏迎斌 蓝旭日 著	系统的阐述了IE技术的来龙去脉以及操作方法	使员工与企业持续获利
	3A顾问精益实践2:JIT与精益改善 肖志军 党新民 著	只在需要的时候,按需要的量,生产所需的产品	提升工厂效率
	化工企业工艺安全管理实操 黄 娜 编著	化工企业工艺安全管理全指导	帮助企业树立安全意识,强化安全管理方法
	手把手教你做专业的生产经理 黄 娜 著	物流、信息流、资金流,让生产经理管理有抓手	从菜鸟到能把控全局
员工素质提升	TTT培训师精进三部曲(上):深度改善现场培训效果 廖信琳 著	现场把控不用慌,这里有妙招一用就灵	课程现场无论遇到什么样的情况都能游刃有余
	TTT培训师精进三部曲(中):构建最有价值的课程内容 廖信琳 著	这样做课程内容,学员有收获培训师也有收获	优质的课程内容是树立个人品牌的保证
	TTT培训师精进三部曲(下):职业功力沉淀与修为提升 廖信琳 著	从内而外提升自己,职业的道路一帆风顺	走上职业TTT内训师的康庄大道
	培训师,如何让你的事业长青:自我管理的10项法则 廖信琳 著	建立了一套完整的培训师自我管理体系,为培训师的职业成长与发展提供有益的指引	培训师如何在自己的职业道路上越走越高,事业长青,一直有所收获与成长?本书将给你答案
	管理咨询师的第一本书:百万年薪 千万身价 熊亚柱 著	从问题出发,发现问题、分析问题、解决问题,让两眼一抹黑的新人快速成长	管理咨询师初入职场,让这本书开启百万年薪之路

续表

	书名・作者	内容/特色	读者价值
员工素质提升	手把手教你做专业督导：专卖店、连锁店 熊亚柱 著	从督导的职能、作用，在工作中需要的专业技能、方法，都提供了详细的解读和训练办法，同时附有大量的表单工具	无论是店铺需要统一培训，还是个人想成为优秀的督导，有这一本就够了
	跟老板"偷师"学创业 吴江萍 余晓雷 著	边学边干，边观察边成长，你也可以当老板	不同于其他类型的创业书，让你在工作中积累创业经验，一举成功
	销售轨迹：一位快消品营销总监的拼搏之路 秦国伟 著	本书讲述了一个普通销售员打拼成为跨国企业营销总监的真实奋斗历程	激励人心，给广大销售员以力量和鼓舞
	在组织中绽放自我：从专业化到职业化 朱仁健 王祥伍 著	个人如何融入组织，组织如何助力个人成长	帮助企业员工快速认同并投入到组织中去，为企业发展贡献力量
	企业员工弟子规：用心做小事，成就大事业 贾同领 著	从传统文化《弟子规》中学习企业中为人处事的办法，从自身做起	点滴小事，修养自身，从自身的改善得到事业的提升
	手把手教你做顶尖企业内训师：TTT培训师宝典 熊亚柱 著	从课程研发到现场把控、个人提升都有涉及，易读易懂，内容丰富全面	想要做企业内训师的员工有福了，本书教你如何抓住关键，从入门到精通
	28天速成文案高手 秦士 安丽 著	解构优秀品牌和出彩文案背后的逻辑，28天循序渐进成为文案高手	让优质文案变成"智慧工厂"般的工序管理与稳定出品
	让投诉顾客满意离开：客户投诉应对与管理 孟广桥 著	立足于投诉处理的实践，剖析了不同投诉者投诉的特点和应对措施，并提供各种技巧方法、赢得客户信赖所需培养的品质修炼、处理投诉应掌握的法律法规等工具	是投诉处理人员适应岗位职能需要、提升工作技能的良师益友，是企业变诉为金、培养业务骨干的法宝

营销类：把客户需求融入企业各环节，提供"客户认为"有价值的东西

	书名・作者	内容/特色	读者价值
营销模式	精品营销战略 杜建君 著	以精品理念为核心的精益战略和营销策略	用精品思维赢得高端市场
	变局下的营销模式升级 程绍珊 叶宁 著	客户驱动模式、技术驱动模式、资源驱动模式	很多行业的营销模式被颠覆，调整的思路有了！
	动销操盘：节奏掌控与社群时代新战法 朱志明 著	在社群时代把握好产品生产销售的节奏，解析动销的症结，寻找动销的规律与方法	都是易读易懂的干货！对动销方法的全面解析和操盘
	弱势品牌如何做营销 李政权 著	中小企业虽有品牌但没名气，营销照样能做的有声有色	没有丰富的实操经验，写不出这么具体、详实的案例和步骤，很有启发
	老板如何管营销 史贤龙 著	高段位营销16招，好学好用	老板能看，营销人也能看
	洞察人性的营销战术：沈坤教你28式 沈坤 著	28个匪夷所思的营销怪招令人拍案叫绝，涉及商业竞争的方方面面，大部分战术可以直接应用到企业营销中	各种谋略得益于作者的横向思维方式，将其操作过的案例融合其中，提供的战术对读者有参考价值
	动销：产品是如何畅销起来的 吴江萍 余晓雷 著	真真切切告诉你，产品究竟怎么才能卖出去	击中痛点，提供方法，你值得拥有
	1000铁杆女粉丝 张兵武 著	连接是女性与生俱来的特质。能善用连接的营销人员，就像拿到打开女性荷包的钥匙	重新认识女性的传播力量
	360°谈营销：一位营销咨询师20年实战洞察 王清华 古怀亮 著	各个角度，全方位，多视点剖营销	思路单一，此书帮你破

续表

分类	书名/作者	内容简介	推荐语
营销模式	营销按钮:扣动一触即发的力量 老苗 著	提供各种奇形怪状的营销武器	一定会带给你不一样的思维震撼
营销模式	孙子兵法营销战 刘文新 著	逐句解读孙子兵法,以及在营销方面的感悟	帮助营销人用智慧打营销仗
销售	资深大客户经理:策略准,执行狠 叶敦明 著	从业务开发、发起攻势、关系培育、职业成长四个方面,详述了大客户营销的精髓	满满的全是干货
销售	大客户销售这样说这样做 陆和平 著	大客户销售十大模块68个典型销售场景应对策略和话术,直接拿来就用	从"为什么要这么干"到"干什么、怎么干"
销售	成为资深的销售经理:B2B、工业品 陆和平 著	围绕"销售管理的六个关键控制点"——展开,提供销售管理的专业、高效方法	方法和技术接地气,拿来就用,从销售员成长为经理不再犯难
销售	销售是门专业活:B2B、工业品 陆和平 著	销售流程就应该跟着客户的采购流程和关注点的变化向前推进,将一个完整的销售过程分成十个阶段,提供具体方法	销售不是请客吃饭拉关系,是个专业的活计!方法在手,走遍天下不愁
销售	向高层销售:与决策者有效打交道 贺兵一 著	一套完整有效的销售策略	有工具,有方法,有案例,通俗易懂
销售	学话术 卖产品 张小虎 著	分析常见的顾客异议,将优秀的话术模块化	让普通导购员也能成为销售精英
组织和团队	升级你的营销组织 程绍珊 吴越舟 著	用"有机性"的营销组织替代"营销能人",营销团队变成"铁营盘"	营销队伍最难管,程老师不愧是营销第1操盘手,步骤方法都很成熟
组织和团队	用数字解放营销人 黄润霖 著	通过量化帮助营销人员提高工作效率	作者很用心,很好的常备工具书
组织和团队	成为优秀的快消品区域经理(升级版) 伯建新 著	用"怎么办"分析区域经理的工作关键点,增加30%全新内容,更贴近环境变化	可以作为区域经理的"速成催化器"
组织和团队	成为资深的销售经理:B2B、工业品 陆和平 著	围绕"销售管理的六个关键控制点"——展开,提供销售管理的专业、高效方法	方法和技术接地气,拿来就用,从销售员成长为经理不再犯难
组织和团队	一位销售经理的工作心得 蒋军 著	一线营销管理人员想提升业绩却无从下手时,可以看看这本书	一线的真实感悟
组织和团队	快消品营销:一位销售经理的工作心得2 蒋军 著	快消品、食品饮料营销的经验之谈,重点突出	来源于实战的精华总结
组织和团队	销售轨迹:一位快消品营销总监的拼搏之路 秦国伟 著	本书讲述了一个普通销售员打拼成为跨国企业营销总监的真实奋斗历程	激励人心,给广大销售员以力量和鼓舞
组织和团队	用营销计划锁定胜局:用数字解放营销人2 黄润霖 著	全方位教你怎么做好营销计划,好学好用真简单	照搬套用就行,做营销计划再也不头痛
组织和团队	快消品营销人的第一本书:从入门到精通 刘雷 伯建新 著	快消行业必读书,从入门到专业	深入细致,易学易懂
产品	产品开发管理方法·流程·工具:从作坊式到规范化 任彭枞 著	产品研发管理体系全指导	既有工具,又能开拓思路
产品	新产品开发管理,就用IPD(升级版) 郭富才 著	10年IPD研发管理咨询总结,国内首部IPD专业著作	一本书掌握IPD管理精髓

续表

	书名．作者	内容/特色	读者价值
产品	这样打造大单品：案例 策略 方法 迪智成咨询团队 著	囊括十三个不同行业、企业的实际案例，从不同角度详细剖析，总结了这些品牌厂家打造大单品的成功经验或者失败教训	厘清大单品打造的策划与路径，得出持续经营的思路与方法
	研发体系改进之道 靖爽 陈年根 马鸣明 著	提出一套系统性的方法与工具	指引企业少走弯路，提高成功率
	资深项目经理这样做新产品开发管理 秦海林 著	以 IPD 为思想，系统讲解新产品开管理的细节	提供管理思路和实用工具
	产品炼金术Ⅰ：如何打造畅销产品 史贤龙 著	满足不同阶段、不同体量、不同行业企业对产品的完整需求	必须具备的思维和方法，避免在产品问题上走弯路
	产品炼金术Ⅱ：如何用产品驱动企业成长 史贤龙 著	做好产品、关注产品的品质，就是企业成功的第一步	必须具备的思维和方法，避免在产品问题上走弯路
品牌	中小企业如何建品牌 梁小平 著	中小企业建品牌的入门读本，通俗、易懂	对建品牌有了一个整体框架
	采纳方法：破解本土营销8大难题 朱玉童 编著	全面、系统、案例丰富、图文并茂	希望在品牌营销方面有所突破的人，应该看看
	中国品牌营销十三战法 朱玉童 编著	采纳20年来的品牌策划方法，同时配有大量的案例	众包方式写作，丰富案例给人启发，极具价值
	今后这样做品牌：移动互联时代的品牌营销策略 蒋军 著	与移动互联紧密结合，告诉你老方法还能不能用，新方法怎么用	今后这样做品牌就对了
	中小企业如何打造区域强势品牌 吴之 著	帮助区域的中小企业打造自身品牌，如何在强壮自身的基础上往外拓展	梳理误区，系统思考品牌问题，切实符合中小区域品牌的自身特点进行阐述
渠道通路	深度分销：掌控渠道价值链 施炜 著	制造商通过掌控渠道价值链，将管理触角延伸至零售层面及顾客现场，对市场根部精耕细作，从而挖掘需求，构筑区域市场尤其是三四级市场的竞争壁垒	深度分销是中国企业对世界营销的独特贡献。实践证明，互联网时代深度分销仍有生命力
	快消品营销与渠道管理 谭长春 著	将快消品标杆企业渠道管理的经验和方法分享出来	可口可乐、华润的一些具体的渠道管理经验，实战
	传统行业如何用网络拿订单 张进 著	给老板看的第一本网络营销书	适合不懂网络技术的经营决策者看
	采纳方法：化解渠道冲突 朱玉童 编著	系统剖析渠道冲突，21个渠道冲突案例、情景式讲解，37篇讲义	系统、全面
	学话术 卖产品 张小虎 著	分析常见的顾客异议，将优秀的话术模块化	让普通导购员也能成为销售精英
	向高层销售：与决策者有效打交道 贺兵一 著	一套完整有效的销售策略	有工具，有方法，有案例，通俗易懂
	通路精耕操作全解：快消品20年实战精华 周俊 陈小龙 著	通路精耕的详细全解，每一步的具体操作方法和表单全部无保留提供	康师傅二十年的经验和精华，实践证明的最有效方法，教你如何主宰通路

管理者读的文史哲·生活

	书名．作者	内容/特色	读者价值
思想·文化	德鲁克管理思想解读 罗珉 著	用独特视角和研究方法，对德鲁克的管理理论进行了深度解读与剖析	不仅是摘引和粗浅分析，还是作者多年深入研究的成果，非常可贵
	德鲁克与他的论敌们：马斯洛、戴明、彼得斯 罗珉 著	几位大师之间的论战和思想碰撞令人受益匪浅	对大师们的观点和著作进行了大量的理论加工，去伪存真、去粗存精，同时有自己独特的体系深度

续表

思想·文化	德鲁克管理学 张远凤 著	本书以德鲁克管理思想的发展为线索，从一个侧面展示了20世纪管理学的发展历程	通俗易懂，脉络清晰
	王阳明"万物一体"论：从"身-体"的立场看(修订版) 陈立胜 著	以身体哲学分析王阳明思想中的"仁"与"乐"	进一步了解传统文化，了解王阳明的思想
	自我与世界：以问题为中心的现象学运动研究 陈立胜 著	以问题为中心，对现象学运动中的"意向性""自我""他人""身体"及"世界"各核心议题之思想史背景与内在发展理路进行深入细致的分析	深入了解现象学中的几个主要问题
	作为身体哲学的中国古代哲学 张再林 著	上篇为中国古代身体哲学理论体系奠基性部分，下篇对由"上篇"所开出的中国身体哲学理论体系的进一步的阐发和拓展	了解什么是真正原生态意义上的中国哲学，把中国传统哲学与西方传统哲学加以严格区别
	中西哲学的歧异与会通 张再林 著	本书以一种现代解释学的方法，对中国传统哲学内在本质尝试一种全新的和全方位的解读	发掘出掩埋在古老传统形式下的现代特质和活的生命，在此基础上揭示中西哲学"你中有我，我中有你"之旨
	治论：中国古代管理思想 张再林 著	本书主要从儒、法墨三家阐述中国古代管理思想	看人本主义的管理理论如何不留斧痕地克服似乎无法调解的存在于人类社会行为与社会组织中的种种两难和对立
	车过麻城 再晤李贽 张再林 著	系统全面而又简明扼要地展示了李贽独到的学术眼力和超拔的理论建树	帮助读者重新认识李贽的思想
	中国古代政治制度(修订版)上：皇帝制度与中央政府 刘文瑞 著	全面论证了古代皇帝制度的形成和演变的历程	有助于读者从政治制度角度了解中国国情的历史渊源
	中国古代政治制度(修订版)下：地方体制与官僚制度 刘文瑞 著	全面论证了古代地方政府的发展演变过程	有助于读者从政治制度角度了解中国国情的历史渊源
	中国思想文化十八讲(修订版) 张茂泽 著	中国古代的宗教思想文化，如对祖先崇拜、儒家天命观、中国古代关于"神"的讨论等	宗教文化和人生信仰或信念紧密相联，在文化转型时期学习和研究中国宗教文化就有特别的现实意义
	史幼波《大学》讲记 史幼波 著	用儒释道的观点阐释大学的深刻思想	一本书读懂传统文化经典
	史幼波《周子通书》《太极图说》讲记 史幼波 著	把形而上的宇宙、天地，与形而下的社会、人生、经济、文化等融合在一起	将儒家的一整套学修系统融合起来
	史幼波《中庸》讲记(上下册) 史幼波 著	全面、深入浅出地揭示儒家中庸文化的真谛	儒释道三家思想融会贯通
	梁涛讲《孟子》之万章篇 梁涛 著	《万章》主要记录孟子与万章的对话，涉及孝道、亲情、友情、出仕为官等	作者的解读能帮助读者更好地理解孟子及儒学
	两晋南北朝十二讲(修订版) 李文才 著	作为一本普及性读物，作者尊重史实，运用"历史心理学"的叙事方法，分12个专题对两晋南北朝的历史进行阐述	让读者轻松了解两晋南北朝的历史
	每个中国人身上的春秋基因 史贤龙 著	春秋368年(公元前770-公元前403年)，每一个中国人都可以在这段时期的历史中找到自己的祖先，看到真实发生的事件，同时也看到自己	长情商、识人心
	与《老子》一起思考：德篇 与《老子》一起思考：道篇 史贤龙 著	打通文史，回归哲慧，纵贯古今，放眼中外，妙语迭出，在当今的老子读本中别具一格	深读有深读的回味，浅尝有浅尝的机敏，可给读者不同的启发